KB051818

한국 방송기자 통사

방송의 시대!
그 역사 인물을 만나다

한국
방송기자
통사

김성호 지음

21세기북스

이 책은 '홍성현 언론기금'의 지원을 받아 저술·출판되었습니다.

2015년은 광복 70주년이자 이 땅에 방송기자가 태어난 지 70년이 되는 기념비적인 해이다. 이러한 역사적인 계기를 맞아 저자는 한국 방송 역사상 처음으로 방송 초창기에 활동했던 기자들을 정리하여 세상에 내놓고자 한다. 이 책은 정통적인 방송기자사라기보다는 방송기자 인명사전의 성격을 지니고 있으며, 그 수록 범위는 1945년 해방 후부터 1969년까지다. 특히 이 시대는 일제 강점기를 벗어나 1945년 해방과 더불어 방송 뉴스원을 공급해야 할 방송기자가 출현하였고, 1950년대 국가 공무원 신분의 방송인이 기자였던 시대를 거쳐, 1960년대 민간 상업방송이 대거 등장하는 시기다.

1960년대 들어서 문화방송이 개국되고 동아일보사가 방송국을 창설하였으며, 곧바로 삼성그룹이 동양방송을 세우면서 다채널 시대로 접어든 결과, 방송이 국민들의 눈과 귀로 자리 잡아가기 시작했다. 이후 반세기가 지난 2000년대 들어서는 방송매체가 인쇄미디어를 앞질러 가히 '방송시대'라고 할 만큼 그 위력과 영향력이 막강해졌다.

이러한 '방송시대'에 방송의 주역은 어느새 방송기자가 선두 주자로 자리매김되었다. 방송기자가 TV 원도의 스타로 나서는가 싶더니 급기야는 정관계政官界에도 크게 진출하였다. 방송기자 출신 국회의원은 헤아릴 수도 없이 많아졌고, 상임위원장과 국회 부의장이 되는가 하면, 국정 최고 자리인 대통령 비서실장, 수석비서관 등도 많아졌다. 더욱이 대통령 후보나 유수 정당의 대표가 되기도 했다. 적어도 1970, 80년대만 해도 신문기자가 차지하던 요직을 방송기자들이 자리 잡고 있다. 이러한 현상이 한국 역사에서 어떠한 평가로 기록될지는 자못 흥미로운 대목이기도 하다.

이러한 방송기자의 위상을 반영이라도 하듯, 요즘 방송기자 지망생들이 기하급수적으로 늘어나고 있다. 이러한 시대적 조류를 누군들 막을 수 있겠는가마는 저자는 방송기자 지망생과 현역 방송기자, 그리고 퇴역하신 분들에 상관없이 그들 모두에게 꼭 전하고 싶은 메시지가 있다. 방송기자들이 역사를 천착穿鑿하기를 당부한다. 자기 분야의 역사와 인물을 공부하는 것이야말로 기본이며 상식이기 때문이다. 이러한 기본과 상식을 아는 이야말로 참다운 기자다. 아무리

'방송放送'이 '놓아 보낸다' 하지만 '기자記者'는 '기록하는 사람'이기 때문이다.

　본서는 4장으로 구성되어 있다. 편의상 나눈 것이지만, 제1장은 도입부로 이 땅에서 방송이 시작된 경성방송 시대의 보도 관련 프로그램을 고찰하였다. 제2장에서는 1945년 해방과 더불어 방송기자가 처음으로 출현하는데, 1948년 정부수립 시기를 거쳐 1961년 12월 MBC 문화방송이 개국하기 전까지의 KBS 국영방송 단독 시대의 기자들을 탐구하였다. 물론 이 시대에는 1954년 기독교방송, 1956년 HLKZ-TV, 1959년 부산MBC가 출현하는데, 이들 방송사는 기자 자체가 없거나 있어도 몇 사람에 불과하기에 생략하였다.

　제3장은 1961년 MBC 문화방송, 1963년 DBS 동아방송, 1964년 RSB 라디오서울, DTV 동양방송 등의 민간 상업방송 시대부터 1969년 MBC가 텔레비전을 개국하는 시기까지의 기자들을 탐색하여 정리하였다. 물론 KBS 국영방송의 기자들도 그 시기까지 한정하여 포함시켰다. 그 이후 1970년대의 작업은 관련 문헌과 생존 인물이 많기 때문에 후학들의 몫으로 남기고자 한다. 제4장에서는 '방송보도의 초석을 놓은 선구적 기자 탐구'로 몇 분을 선정하여 심도 있게 기술하려고 하는데, 대체로 방송보도 분야에서 선구자(최초)적 업적을 쌓은 인물들이 그 대상이다.

근년 들어 이러한 저서를 계속 펴내며 저자의 인간적 한계를 고뇌하게 된다. 학식의 부족과 신체적 취약 등 갖가지 장애 요소가 등장하지만, 주어진 여건 하에서 최선을 다하고자 한다. 충청남도 내포지역 농촌 한복판에서 소년 시절부터 꿈꾸었던 방송인이 되고, 방송현장에서 물러나자 대학교수로 초빙되어 후학들을 지도하다가 이제는 은퇴하여 학자의 길을 가는 삶이 나름대로 행복하다. 방송인에서방송학 교수로, 그리고 방송학자로의 길을 걷게 해 주신 하느님과 도움을 베풀어 주신 모든 분께 감사드린다.

끝으로 이 저서를 집필에서 출판까지 도와준 분들께 일일이 인사를 드리고 싶다. 우선 저자를 설득하여 집필의 계기를 마련해 주신한국방송기자클럽 엄효섭 전임 회장님과 이홍기 '홍성현 언론기금'이사장님, 그리고 기금을 봉헌한 유족께도 감사드린다. 아울러 출판을 맡아 주신 21세기북스 김영곤 사장님께는 폐가 되지 않았으면 좋겠다. 김 대표와는 서울대학교 문화콘텐츠 글로벌 리더 과정에서 만나 십년지기가 되었는데, 미국의 한 대학 연수에서도 그의 프로페셔널은 그 대학 하늘을 찌르고도 남을 만큼 저자에게는 울림이 컸다. 아릿거리는 기자에 대한 의문을 풀어 준 한국언론인협회 유민원 총장님께도 감사드린다. 또한 늘 사료를 늘어놓고 작업하는 난잡한 서실을 살펴주는 집사람과 바쁜 일상에서 서툰 글을 바로잡아 주는 딸에게도 고맙다는 표현을 하고 싶다. 가족들에게는 늘 미안한 마음이지만 누군가는 이 유산을 지키고 기록하여 전수해야 하지 않겠는가. 저자는 남은 생애를 한국 방송에 관한 서지를 정리하여 역사를 기록하고 전승하는 데 바칠 것이다. 이 책이 햇빛을 보는 데는 21세기북스 정지은 인문기획팀장의 노고가 컸으며, 그 밖에 인사를 드리지 못한 동행인同行人들께도 감사드린다.

2014. 11. 20

송인재松仁齋에서

수별樹別 김성호 씀

경성방송 시대의 보도방송

(1927~1945년)

방송 개시와 방송사적 이슈

　조선에서 정규 방송이라는 틀을 갖추어 첫 전파를 발사한 것은 일본 제국주의 강점強占 시대인 1927년 2월 16일이다. 방송이라는 매체의 출범이 불행하게도 일제日帝에 의해 주도되었지만 대체로 이날을 한국 방송의 시작으로 간주看做하고 있다. 이 경성방송국(JODK)의 방송 행위는 일본이 조선을 찬탈하여 강제로 한일합방을 선언한 지 17년이 지나서이며, 일본 제국주의 관료들이 중심이 된 조선총독부 체신국이 주도한 역사적 사건이었다.

　한국의 일부 방송학자들이 이러한 시대적 정황政況을 거론하여 한국방송의 기원 시점을 해방 후나 정부수립, 아니면 1947년 'HL' 호출

부호를 부여받은 날 등으로 주장하고 있다. 이러한 주장은 그 학자들 나름의 논리이기에, 저자는 이에 대해 문제를 제기하여 논박論駁할 의도가 없으며. '생각의 다름'을 인정하면서도 '보편적 관점'에서 한국방송의 개시 시점을 경성방송국이 정규 방송을 시작한 날로 규정하고 한국방송사의 제반 연구 작업을 지속하고 있다.

경성방송국은 명목상 사단법인으로 출발하였지만 방송 체제는 엄격한 국영 제도였다. 일본 제국주의는 이 방송을 철저히 조선 통치 수단의 도구로 활용하였고, 방송 정책의 입안과 집행 모두 조선총독부 체신국의 지침에 따랐으며, 방송국 주요 임원 및 간부 또한 임명제와 다름없었다. 경성방송국의 최고 직책인 이사장, 회장은 물론이고 방송 현장의 부장, 과장급도 대부분 일본인이었다. 특히 경성방송국의 개국부터 종막까지 17년여 동안 거쳐 간 최고 책임자(이사장, 회장, 국장)들을 보면 전문 방송인 출신은 고작 해방 당시 경성중앙방송국장을 지낸 시노하라 소죠篠原昌三[1] 뿐이었다. 초대 이사장으로는 조선식산은행 이사 모리 고이치森悟一, 2대 이사장으로는 경성우체국장 다치바나카와 가츠히코橘川克彦 등[2]으로 대부분 비방송인 출신이 차지하였다. 급기야 3대 이사장으로는 지방의 우체국장이 경성중앙방송국 책임자로 옮겨앉기도 했다.[3] 그러나 이러한 수장의 빈번한 교체는 조선총독부 체신국이 가진 인사권의 집행이었을 뿐만 아니라 경영 악화를 타개하기 위한 고육책苦肉策이기도 했다. 경성방송국 개국 원년인 1927년 상황만 미루어 보아도 재정 상태가 엉망이어서 고액의 청취료 수익만으로 경영이 어려워지자 가격을 반액으로 인하하는 정책을 내놓기도 했다. 개국 당시(2월)의 '월 2원'에서 채 1년도 못가(10월) '월 1원'으로 반 토막 되는 상황이 연출되기도 하였다.[4] 이러한 결과는 상대적으로 우리 국민들이 라디오를 더 많이 청취할 수 있게 되는 고무적인 현상을 낳았다고 볼 수도 있을 것이다.

조선총독부 체신국은 경성방송국이 고액의 청취료 수익에 의존하여도 적자 경영이 지속되자 그 타개책의 일환으로 사단법인 체제를 '경성방송국'에서 '조선방송협회'로 전환하는 수순에 들어갔다. 경성방송국 제3대 이사장인 호사카 히사마쓰保阪久松가 1932년 3월 8일 임시총회를 소집하고 평의원 회의를 거쳐 사원총회에서 정관 변경을 의결하였다. 제1조 '경성방송국'를 '조선방송협회'로 개정한 것이다.[5] 이러한 조치는 일본방송협회와 상응하는 체제로 보는 시각도 있으나 궁극적으로는 이중방송을 앞당겨 두 가지 목적을 이루려고 한 것으로 판단된다. 첫째가 청취권을 확대하여 한반도에서 일제의 야욕적 정책(황성신민화 등)을 공고히 다지는 것이고, 둘째가 라디오 보급을 확대하여 청취료 수익을 배가하는 수단이었다. 그러나 이 양자兩者는 동전의 앞뒤와 다름없는 정책이라고 볼 수 있으며, 그 결과물로 나타난 것이 조속한 이중방송의 실시 정책이었다.[6] 사단법인 조선방송협회는 1932년 4월 7일이 공식 설립일인데, 명칭은 조선방송협회로 되었지만 경성방송국도 호출 명칭으로 같이 쓰기로 하였다.[7] 이 사실은 일제하의 방송에서 경성방송국이라는 호출부호로 지속되는 중요한 단서端緒라고 할 수 있다.

경성방송국은 단일 채널에 한국어, 일본어를 교대로 방송하던 시스템을 혁신하기 위하여 개국 4년 차(1931년 2월)부터 이중방송의 연구에 들어가 그 다음 해 말인 1932년 12월 경성으로부터 6km 정도 떨어진 지점인 경기도 고양군 연희면 서세교리(현재 서울시 마포구 서교동)에 10kW 대출력 송신소를 준공하였다. 1933년 2월부터 2개 채널에 한일 양국어로 시험방송을 각각 실시하다가 4월 26일 정식으로 이중방송二重放送[8]을 개시하였다.

이 이중방송은 일제하의 경성방송국 시대에만 사용된 특수 상황의 전문 용어라고 할 수 있다. 보통 이중二重은 사전적 의미로 '두 겹'이란 뜻이다. 흔히 쓰는 단어로 이중과세二重過歲나 이중국적二重國籍 등이 있는데, 이 이중방송은 경성방송국이 연희방송소[9] 개소 후 제1방송(일본어) 10kW, 제2방송(조선어) 10kW 등 2개 채널로 방송을 준비하거나 개시하면서 쓰기 시작한 용어다. 따라서 이중방송의 반대어는 단일방송이라고 할 수 있는데, 정동에 위치한 경성방송국은 이중방송 개시 이전까지 별도의 방송소[10](송신소)가 없어 1개 채널로 단일방송을 해왔다.

조선방송협회는 연희송신소의 준공, 이중방송의 개시 이후 1933년 경부터 지방방송국 건립을 계획하였다. 1차 지역으로는 일본인이 가

┃ 조선일보 뒤편, 정동 언덕바지에 위치한 경성방송국

장 많이 거주하면서도 지리적으로는 가까운 부산 지역을 선정하였
다. 부산 앞바다가 한눈에 보이는 복병산伏兵山 산마루, 그 당시 행정
구역은 경남 부산부釜山府 대청정大廳町 일정목一丁目 7번지, 저자가 방송
터 순례차 탐방한 1995년에는 부산직할시 중구 대청동 1가 10번지
였다. 한국 최초의 지역방송인 부산방송국은 1935년 9월 21일 저출
력(250W)으로 개국했다.[11]

부산에 이어 그 다음 해인 1936년 4월 평양방송국이 평남 대동군
대동강면 오야리 130번지에 건립되었고, 1937년 6월 청진방송국이

함북 청진부 목하산정 산 8의 3에, 1938년 10월 이리방송국이 전북 익산군 이리읍 남중정 86에, 같은 시기 함흥방송국이 함남 함흥부 산수정 1정목 산79에, 1940년 10월 대구방송국이 경북 대구부 원대 동 169에, 1942년 3월 광주방송국이 전남 광주부 사정 177-2에, 같은 해 11월 목포방송국이 전남 목포부 양동 86-1에, 1943년 4월 마산방송국이 경남 마산부 상남정에, 같은 해 7월 대전방송국이 충남 대전부 북정 15에, 같은 7월 원산방송국이 함남 원산부 영정 산5에, 같은 해 8월 해주방송국이 황해 해주부 광석정에, 같은 8월에 신의주방송국이 평북 신의주부 상반정 9-10에, 같은 해 11월 성진방송국이 함북 성진부 욱정 460에, 1944년 12월 춘천방송국이 강원 춘성군 춘천읍 대화정 106에, 일제하의 마지막 지역국으로 1945년 6월 청주방송국이 충북 청원군 청주읍 석교정 등에 각각 설립되었다. 이밖에 강릉이동방송 중계소가 동해안 방송영역 확대를 위하여 설치되고 개성, 장전, 서산 등에 방송소(송신소)를 건립했다.[12]

일제하 경성방송국 체제에서 한국 방송인들에게 이중방송 실시와 지역방송국 설치, 그 다음으로 큰 방송사적 사건은 '단파방송 연락운동'[13]이라 할 수 있다. 이 단파방송 사건은 일제가 1942년부터 1943년까지의 기간에 방송국 한국인 직원을 1941년 12월 26일 제정 공포한 조선 임시보안령을 비롯하여 사설 무선전신전화법, 사설방송용 전화법, 육군 형법, 해군 형법, 보안법 및 치안유지법 등을 위반

한 혐의로 대량 검거한 데에서 비롯되었다.[14]

이 사건은 경성방송국에 근무하던 현업 근무자인 기술자를 주축으로 아나운서, 편성원 및 조선방송협회 사업부 직원들이 해외에서 독립운동을 주도하던 지도자 이승만, 김구 등이 보내오는 '고국 동포에게 고함'이라는 내용을 단파방송을 통해 밀청하면서 발단이 되었다. 한국인 방송인 등이 단파로 밀청한 주요 내용이란 '일본은 곧 패망하고, 조선은 독립될 것'이라는 미국과 중국에서 활동하던 민족 지도자들의 방송 육성이었다. 이러한 소문이 세간에 퍼지게 되자 일본 경찰은 그 진원지가 단파방송 청취에서 빚어진 것으로 보고, 그 단파 수신기가 방송국에 업무용으로 비치된 점을 지목하여 미행 끝에 상당수의 한국인 방송인 등을 잡아 문초한 후 구속하기에 이른다. 이 사건에 연루된 한국 방송인들은 중앙방송국 기술자, 아나운서, 편성원 등 40여 명을 비롯하여 전국의 지방방송국에서 약 100여 명 등 무려 150여 명에 이르렀다고 한다.[15]

이 사건으로 가장 크게 고초를 겪은 이가 방송기술인 성기석(1920~1990년)이다. 그는 단파수신기 제작기술이 뛰어나 취미 활동으로 만들다가 주변 사람들로부터 부탁을 받아 수신기기를 조립하여 제공하였다. 이 기기를 통하여 '미국의 소리(VOA)' 등 해외 단파소식을 접하게 되고 주변 동료들에게 전파하는 등의 활동으로 일본 경찰에 덜미를 잡혀 급기야 구속되기에 이른다. 그는 구속자 가운데 형기가 가장 많

은 징역 2년형을 선고받고 복역했는데, 해방이 되자 형기 40일 정도를 남기고 출옥하였다.[16]

이 단파방송 사건으로 조선어 방송은 크게 위축되었다. 일제는 우선 1943년 6월 한국인 방송인들의 부서인 제2방송부를 폐쇄하고 방송부장 노창성을 해임하였다. 그리고 일본인이 관장하는 단일 부서 방송부로 축소한 뒤에 그 산하에 제2보도과를 신설하여 이혜구를 한국인 방송 책임자로 임명했다.[17] 경성중앙방송국은 일본이 하와이 진주만을 공격하여 시작한 태평양 전쟁을 승리로 이끌기 위해 전시 방송 체제를 한층 강화하였다. 그 과정에서 경성방송은 온통 전쟁의 도구로 전락해 갔는데, 일례로 교양 프로그램인 〈주부시간〉은 여성의 취향이나 가정생활에 도움을 주는 내용보다도 '전시의 부인 복장' 등을 풀이해 주는 등의 승전 무드에 함몰되었다. 그러나 1942년 6월의 미드웨이 해전에서 미국이 승세를 잡은 뒤 1945년 8월, 히로시마와 나가사키 등에 원자 폭탄을 투하함으로써 일본이 항복하여 전쟁이 종결되었다. 이로써 대한민국의 독립과 더불어 일제 통치하의 경성방송 시대는 막을 내리게 되었다.

프로그램 편성 현황

저자가 소장하고 있는 경성방송국 개국 당시의 한 사료[18]를 보면, JODK는 라디오방송의 3대 사명으로 보도報導[19], 교화敎化, 위안慰安 등을 내걸었다. 보도 장르에는 내외·선내鮮內 뉴스, 천기예보(기상통보), 시장가격, 경제시황 등이, 교화에는 명사 강연, 각종 강좌, 초등학습 강좌, 어린이 시간 등이, 위안에는 서양 음악, 조선 음악, 연극, 기타 내선內鮮의 각종 오락 등이 포함되어 있다.

경성방송은 개국 초기, 일본과 마찬가지로 편성 방침이 확고하게 서 있지 않아 확립된 프로그램을 형성하지 못하였다. 다만 그 당시 조선 총독의 문화정치 표방으로 '조선에 있어서 문화의 향상 발전에 공헌'한다는 이상적理想的 방침은 갖고 있었으나, 실제로 프로그램을 구체화하는 데는 상당한 거리가 있었다.

개국 1차 연도(1927년)의 편성 방침은 ①한일 양국어에 의한 방송을 균등하게 하며, ②오락 방송을 주축으로 하는 것이었다. 그 당시는 청취자가 라디오를 오락기관으로 생각하고 보도·교양 매체로는 이해하지 않아 이 방면의 방송 장르가 등한시되었다.

개국 2차 연도(1928년)에는 도쿄방송국의 편성 방침을 본받아 ①보도·오락 방면에 중점을 두었고, ②기술상의 진보에 따라서 옥외방송[20]을 실시하며, ③한일 양국어의 균등한 편성 등으로 설정하였다.

개국 3차 연도(1929년)에도 ①등한시했던 교양 방면에 주력(문화 정책에 따라 일본 문화의 소개로 조선 문화의 향상과 발전에 기여하는 프로그램을 편성)하고, ②보도·교양·오락의 안배를 균등하게 하여 편중적 편성의 폐해를 배제하며, ③야간의 연예 방송은 일본 프로그램을 중계하고, ④스포츠 방송 확대 등으로 일본방송에 접근한 편성 방침을 설정하였다.

개국 4차 연도(1930년)에도 일정한 편성 방침을 확립하지 않고 변동하는 사회 현상에 따라 임기응변적 편성을 지향하였다(일본방송협회, 1931년).

방송 개시 5차 연도(1931년)나 6차 연도의 편성도 전년도와 큰 차이가 없는 것으로 나타나 있다(『라디오연감』, 1933년). 특이 사항으로는

<표 1> 제1방송(일본어) 프로그램 장르별 방송 횟수 및 시간
(1933년 1월~1933년 12월)

장르	입중계		자국편성		계	
	횟수	시간(분)	횟수	시간(분)	횟수	시간(분)
보도	782 25.0%	15,319 19.7%	7,094 86.1%	60,305 67.9%	7,876 69.3%	75,624 45.4%
교양	905 28.9%	23,485 30.1%	481 5.8%	14,095 15.9%	1,386 12.2%	37,580 22.5%
오락	1,082 34.5%	31,906 40.9%	541 6.6%	11,930 13.4%	1,622 14.3%	43,836 26.3%
어린이 시간	269 8.5%	4,858 6.2%	120 1.5%	2,452 2.8%	389 3.4%	7,310 4.4%
국제방송	96 3.1%	2,394 3.1%	–	–	96 0.8%	2,394 1.4%
계	3,133 100%	77,962 100%	8,236 100%	88,782 100%	11,369 100%	166,744 100%

출처: 일본방송협회,『라디오연감』 쇼와 9년(1934년), p433 재구성

야구 경기 같은 스포츠 방송을 연일 편성한 것으로 보이며 내지(일본)방송 중계가 계속되었는데, 야간에는 강연 중계가 두드러지게 나타나고 있다.

1933년도의 편성은 이중방송이 실시된 시기이기에 방송사적 관점에서도 특별히 고찰해 볼 필요가 있을 것이다. 위의 <표 1>은『라디오연감』에 '방송 종목별 시간 및 횟수'로 게시된 도표를 재구성하여 작성한 것이다. 이 도표의 원전原典에는 퍼센트가 표시되어 있지 않으나, 방송 장르별 비중을 살펴보려고 별도로 산정하여 재구성한 것이다.

상기 <표 1>은 제1방송으로 일본어가 주류를 이룬 채널이다. 여기서 입중계入中繼는 일본방송(도쿄방송) 프로그램을 경성방송에 중계하여 방송한 것을 의미하며, 자국편성自局編成은 경성방송의 독자 편성을 가리

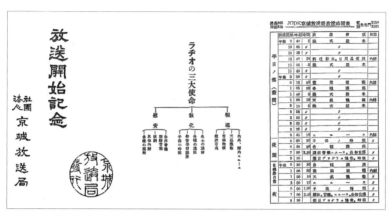

■ 1927년 개국 당시 뿌려진 전단으로 보이는 '방송개국기념물'

킨다. 이 표를 보면 총 횟수나 시간 측면에서 보도 프로그램이 교양이
나 오락 프로그램보다는 많이 편성되었다는 사실을 알 수 있다. 또 보
도 프로그램은 입중계(19.7%)보다 자국편성(67.9%)이 3배 이상의 편성 비
율을 보이고 있는데, 이는 경성방송이 식민지 거주자를 위한 것임을 감
안할 때 당연하다고 볼 수 있다. 다른 한편으로는 스포츠중계가 많았던
것으로 판단된다(일본방송협회, 1933년, pp688~689). 그 다음 오락 프로그
램의 편성 시간이 교양 프로그램을 약간 앞서고 있는데, 오락 프로그램
은 특히 일본 프로그램을 중계한 비율(40.9%)이 다른 장르보다 크게 앞
서고 있다. 이 시기에 자국편성의 국제방송은 존재하지 않았다.

다음 〈표 2〉는 이중방송이 실시되기 직전 4개월과 직후 8개월 동
안 조선어로 방송된 제2방송의 프로그램 장르별 방송의 횟수와 시

〈표 2〉 제2방송(조선어) 프로그램 장르별 방송 횟수 및 시간
(1933년 1월~1933년 12월)

방송종목	이중방송 개시 전				이중방송 개시 후				계			
	횟수		시간		횟수		시간		횟수		시간	
보도	969	70.6%	250	60.5%	2,624	56.3%	940	37.6%	3,593	59.6%	1,190	40.9%
교양	217	15.8%	73	17.7%	862	18.5%	399	16.0%	1,079	17.9%	472	16.2%
오락	137	10.0%	69	16.7%	926	19.9%	1,057	42.3%	1,063	17.6%	1,126	38.7%
어린이 시간	50	3.6%	21	5.1%	250	5.3%	104	4.1%	300	4.9%	125	4.2%
계	1,373	100%	413	100%	4,662	100%	2,500	100%	6,025	100%	2,913	100%

출처: 일본방송협회,「라디오연감」쇼와 9년(1934년), p433 재구성

간을 보여주고 있어 이중방송을 도입한 경성방송이 편성 면에서 어떠한 변화를 시도하였는지를 엿보게 해준다. 이 점에서 이 자료는 최초의 조선어 방송 사료로서 가치가 있으며 경성방송 시대의 프로그램 편성 연구에 큰 도움이 된다.

〈표 2〉의 원전 하단에는 '비고備考'라 하여 '이중방송은 쇼와 8년 4월 26일부터 개시'라는 주석이 표기되어 있어, 1933년 4월부터 이중방송이 시작되었음을 알 수 있다. 이 표에서 알 수 있듯이 이중방송 개시 전에는 보도 프로그램(60.5%)이 압도적으로 많이 편성되었으나 개시 후에는 보도 프로그램이 크게 줄고(37.6%), 그 대신 오락 프로그램이 이중방송 개시 이전(16.7%) 보다 2배 이상 증가(42.3%)한 것을 알 수 있다. 이중방송 개시 이후 조선어 오락 프로그램의 편성 비율(42.3%)이 일본어 오락 편성 비율(26.3%)보다 높았다는 사실 또한

〈표 3〉 제2방송(조선어) 프로그램 장르별 방송 횟수 및 시간
(1934년 1월 1일~12월 31일)

장르	입중계		자국편성		합계	
	횟수	시간(분)	횟수	시간(분)	횟수	시간(분)
보도	342 66.7%	2,517 37.9%	4,711 63.5%	33,133 30.9%	5,054 63.7%	35,650 31.3%
교양	7 1.4%	136 2.0%	827 11.1%	25,742 24.0%	834 10.5%	25,878 22.7%
위안	120 23.4%	3,227 48.5%	1,553 20.9%	40,862 38.1%	1,673 21.1%	44,089 38.7%
어린이 시간	25 4.9%	570 8.6%	336 4.5%	7,479 7.0%	361 4.5%	8,049 7.1%
국제방송	18 3.6%	198 3.0%	–	–	18 0.2%	298 0.2%
계	513 100%	6,648 100%	7,427 100%	107,216 100%	7,940 100%	113,964 100%

출처: 일본방송협회, 「라디오연감」 쇼와 10년(1935년), p302 재구성

경성방송의 방송 편성 전략을 엿보게 해준다. 경성방송이 이렇게 이 중방송 실시 이후에 오락 프로그램을 확대한 이유는 방송에 대한 대 중주의적 접근을 통하여 방송에 대한 호감과 인식을 높여 가입을 유 도하기 위한 것이었다는 해석(한국방송공사, 1977년, p71)을 뒷받침해 준다.

다음으로는 1934년 제2방송(조선어)의 편성 내용을 살펴보려고 한 다. 그 이유는 조선어 전용 채널로 첫해의 방송 내용인 데다, 경성방 송의 팽창 과정에서 이중방송의 실시가 경영 정책이나 가입자 확대 와 어떠한 연관이 있는지를 규명할 수 있기도 하기 때문이다.

위의 〈표 3〉을 보면, 조선어 방송은 1933년에 계속해서 보도 장 르보다 위안 프로그램에 역점을 두고 있음을 알 수 있다. 보도 장르 의 경우, 방송 횟수에서는 입중계나 자국편성 구별할 것 없이 60%

대를 상회하고 있어 위안 프로그램 20%대를 3배가량 앞서고 있으나 실제 방송 시간에서는 위안 장르가 가장 높게 나타나고 있다. 즉 입 중계에서는 10%, 자국편성에서는 8% 정도 보도 프로그램보다 위안 프로그램을 많이 편성하였다. 이렇게 오락 프로그램에 역점을 둔 조선어 방송의 편성은 보도 프로그램(46.0%)이 위안 프로그램(24.7%)보다 2배 가까이 많이 방송된 일본어 방송의 편성과는 대조를 보이는 것으로 경성방송이 대중적 오락 프로그램을 통해 조선인을 유인하기 위한 편성 정책을 구사하였음을 보여주는 수치로 풀이된다.

보도 프로그램의 내용

경성방송 시대 뉴스 방송의 원고는 당시의 유일한 통신인 '동맹통신同盟通信'이었다. 이 통신문 한 부를 한일 아나운서가 돌려가며 읽었다. 방송 전에 조선총독부 체신국에 전화를 걸어 뉴스 제목을 통보하여 방송 가부 허가를 받는 것은 당연한 순서였다. 방송은 일본어가 먼저인지라 통신문도 일본어 방송이 끝난 다음에 한국 아나운서의 손으로 넘어오게 되었다. 일본어 방송이 약간 늦게 끝난 때에는 방송 직전에 원고를 받게 되기 때문에 미처 읽어 볼 시간이 없었다. 더욱 곤혹스러운 일은 즉석 번역 방송도 힘들지만, 앞사람이 방송 시간을 초과했을 경우 허겁지겁 서둘러 초과 시간을 단축해 시간을 맞춰야지, 못 맞추면 다음 일본어 방송을 기다리는 일본인 청취자들이 한국어 방송을 중단하라고 아우성이 대단했던 것이었다. 1927년 경성방송국의 개국부터 1933년 이중방송 시작 전까지 이러한 상황은 계속되었다고 한다.

뉴스 시간이 따로 편성되어 있었지만, 그 방송 내용이 앞에서 예시한 대로 기자가 취재를 통하여 작성한 원고가 아니었고, 정시 편성이 존재하지 않던 시대인지라 뉴스의 길이도 들쭉날쭉하였다. 현대의 시각으로는 상상을 초월하는 진기한 현상도 연출되었다고 하는데, 예를 들면 "뉴스를 말씀드리겠습니다. 오늘 뉴스는 없습니다. 뉴스를 마치겠습니다"라고 아나운서가 뉴스 방송을 하기도 했다고 한다. 이러한 사례에 대하여 정확한 사료를 찾기가 쉽지 않지만 당시 방송에 참여했던 선인들의 회고담이 전승되어 오늘날까지 회자되기도 한다.[21]

경성방송국 개국 초기인 1920년대 후반기와 1930년대 전반기, 그리고 1930년 후반기인 중일中日전쟁 시기의 보도방송은 상대적으로 사뭇 다르다. 특히 일제가 미국에 선전포고를 하고 태평양 전쟁을 도발한 시기는 방송이 전쟁의 도구로 전락해 파행적으로 이루어졌다. 일본이 1937년 중국과의 전쟁을 자행한 시기에는 뉴스를 비롯한 보도방송이 전적으로 전시 선전을 위한 기제로 이용되었다. 일제가 1941년 진주만 공격으로 촉발시킨 태평양 전쟁에서는 그 수법이 더욱 가중되어 정규 방송을 포기하고 특별담화 등 사기증진책의 도구로 활용되었다.

이러한 보도방송을 전반적으로 다루는 것은 무리일 것 같아 경성방송을 초기, 중기, 하반기로 나누어 개략적으로 살펴보는 수준에서 그치려고 한다. 개국 당시의 보도방송은 뉴스보다는 당시의 경제시황經濟市況을 위주로 다루었는데, 주식시세와 기미시세期米時勢를 시시각각 속보로 방송하였다. 기미는 사전적 의미로는 미두米豆로 쌀과 콩을 가리킨다. 이러한 방송보도는 신문보다는 빨리, 자주 방송할 수 있다는 속보성, 반복성이 있어 수신기 보급도 촉진시키는 결과를 유발하였다.

이 당시의 1일 총 방송 시간은 고작 6시간 40분 정도였고, 이 가운데 보도방송은 2시간 40분가량 되었다. 이를 내용별로 살펴보면 다음과 같다. 우선 오전 9시 40분 1회 주식 기미방송이 5분간 방송되고 10시 5분, 10시 35분, 11시 5분, 12시 5분, 낮 1시 40분, 2시 10분, 2시 25분, 2시 50분, 3시 5분, 3시 35분 등 12회에 걸쳐 5분씩 토막방송을 실시하였다. 그러나 이 주식 기미 프로그램은 일본어로만 방송되었지만, 프로그램 작성에는 한국인 아나운서들이 참여하여 도왔다.

그 다음으로 〈요리 메모〉, 〈일용품 시세〉 프로그램이 오전 10시 45분부터 20분간 방송되었으며, 〈일기예보〉가 오후 1시 50분부터

┃ 한국 방송인 가운데 뉴스 방송을 담당했던 여자 아나운서 김문경, 최아지의 모습(오른쪽)

10분간 방송되었다. 정작 뉴스 방송은 오후 3시 50분부터 10분간 첫 번째 뉴스가 방송된 다음 7시 강연 방송이 끝난 후 20분간에 걸쳐 뉴스와 공지사항이 연이어 방송되었다. 하루의 방송이 오후 9시 30분부터 10분간 〈시보〉와 다음 날 〈방송순서〉 예고로 종료되었다.

주지의 사실이지만 이 당시의 방송은 한·일어 단일방송 체제였다. 프로그램마다 일본인 아나운서가 일본어로 방송한 다음 곧이어 한국인 아나운서가 원고를 넘겨받아 즉석에서 머릿속으로 번역해 가며 방송해야 했다. 따라서 방송 시간이 줄어 보도 프로그램은 1시간 남짓에 불과했다. 이 경성방송 초기 방송부문에서 한국인이 참여할 수 있는 영역은 오직 아나운서뿐이었다. 그 당시 일류 신식 여성이라 일컫던 이옥경李玉慶, 마현경馬賢慶 등 두 아나운서가 활약하였다.[22]

1933년 4월 말 이중방송이 개시되면서 제2방송은 순수한 한국어로만 방송되는 한국인을 위한 전용 채널이 탄생했는데, 이 당시 제2방송의 보도 프로그램을 개략적으로 살펴보면 다음과 같다. 오전 7시부터 11시 5분까지의 프로그램 중 〈라디오 체조〉와 〈기상통보〉 1회, 〈경제시황〉 4회는 제1방송(일본어 채널)에 의존하였고, 11시 5분에 비로소 한국어 제2방송으로 〈기상통보〉, 〈요리 메모〉, 〈일용품 시세〉, 〈鮮漁(조선생선)[23] 도매시세〉 등은 20분간 방송했다. 정오에는 5분간 〈시보〉, 〈오늘의 프로그램 안내〉 등이 방송되고 낮 12시 30분부터 20분간 〈정기뉴스〉, 〈공지사항〉, 오후 4시 30분부터 20분간 〈정기뉴스〉, 〈공지사항〉, 〈직업소개사항〉 등이, 저녁 7시부터 30분간 〈뉴스〉, 〈공지사항〉, 〈일기예보〉 등이 나갔다. 그리고 마지막으로 9시 30분부터 25분간 〈시보〉, 〈뉴스 재방송〉, 〈기상통보〉, 〈다음 날 프로그램 발표〉 등을 방송했다.

중일전쟁이 발생한 1930년대 후반에는 조선총독부가 앞장서 뉴스를 비롯한 보도방송 부문을 전반적으로 전시 선전을 위한 체제로 전환시켰다. 이로 말미암아 제2방송에는 〈주간정보의 시간〉 등이 신설되고 〈내각 주보〉, 〈총독부의 시간〉 등을 한국어로 번역, 방송하도록 하여 한국인들에게 시국인식과 통후보국統後報國의 관념을 강요하기에 이르렀다.

1940년대 들어서 일제가 진주만 기습 폭격으로 비롯된 태평양 전쟁 이후에는 외국 단파방송의 청취를 금지하고 전파관제를 실시하였는데, 특히 단파방송 사건 이후의 보도방송은 대부분 총독부 정보국 제공의 자료로 메워지고 검열도 한층 강화되었다. 결국 태평양 전쟁 중반에 들어서면서 제2방송의 보도방송뿐만 아니라 전반적으로 〈공지사항〉만 남게 되었다.

그 당시의 일본이 발행한 문헌 『라디오연감』(1941년)에 따르면 제2방송(조선어)의 뉴스 방송은 국제 정세를 민첩하게 파악하여 전쟁을 승리로 이끄는 도구의 역할을 수행한다는 사명감을 띠고 있었다. 따라서 이러한 방송 방향에 관해서는 상당히 세밀하게 연구되었고, 제2방송 뉴스 방송은 한정된 시간 내에 일본어를 조선어로 번역해야 하는 특별한 테크닉을 요구하고 있어 번역의 우수성이 뉴스 방송의 성패를 좌우하였다. 아울러 번역 당사자들은 민활하면서도 알기 쉬운 번역이 되도록 노력하였다.

특히 프로그램은 국제 정세에 대한 강연에 치중했고, 내각정보內閣情報 등을 방송하는 취재 프로그램인 〈주간정보〉 등은 국민이 시국에 대해 정확하게 인식할 수 있도록 제작되었다. 일본방송의 〈라디오 시국時局독본〉, 〈시사해설〉 프로그램 등을 잇대어 방송하였다. 또한 중일전쟁 4년 차를 맞이해 〈지원병의 전장에서의 체험을 말하다〉, 〈후방국민 가정생활 좌담회〉를 개최하였다.

태평양 전쟁이 연합군의 참여로 일본 본토를 공습하는 상황이 발생하자 일제는 방송전파관제를 더욱 강화하기에 이르렀다. 따라서 그나마 명맥을 유지하던 보도방송도 제대로 작동되지 않았다. 1944년 3월에는 주·야간 전국 동일주파수관제로 강화되었고 1945년 2월에는 더욱 확대하여 실시하다가 패전이 임박한 8월에 들어서자 라디오방송을 제대로 청취할 수 없는 상황에 이르렀다. 그리하여 전 방송의 기능을 집중시켰던 보도방송도 일반 대중에게 제대로 전달되지 못했다.[24]

일제 말기 시기의 방송은 한마디로 지금의 공습경보 발령 시의 재난방송이라 할 수 있는데, 방송이라고 하기에는 타당성이 너무 결여되어 보도, 뉴스를 운위云謂하기조차 부끄러운 상황이라 할 수 있다. 잔인하고 극악무도한 전쟁광들의 행태라고 단정할 수밖에 없을 것이다.

경성방송 시대의 보도 관련 기구는 1943년 6월경 신설되었다. 1927년 경성방송국 개국부터 이 시기까지의 보도 기능은 방송과나 방송부 부서에서 부수적으로 수행해 왔다. 보도과는 단파방송 사건으로 한국인 방송인만으로 구성되었던 제2방송부(부장 노창성)가 해체되면서 신설되었다. 경성방송 수뇌부는 제1방송부(일본인 방송인 소속)와 제2방송부를 통합하여 방송부로 하고 일본인 책임자를 임명했다. 그 산하에 제1보도과, 제2보도과를 신설하여 제2보도과에 한국인들을 배속시켰다. 제2보도과장에는 한 때 제2방송부장 직무대리였던 이혜구李惠求를 임명했다. 그는 해방 후 초대 서울중앙방송국장을 지낸 뒤 서울대학교 교수로 부임하여 국악과를 창설한 방송인이자 학자이다. 이 제2보도과 직제는 1945년 8월 해방 시기까지 지속되었는데, 이혜구 과장 아래로 이계원, 민재호, 윤길구, 이덕근, 장운표, 문제안, 홍준, 전인국, 윤용로, 팽진호 등 장안의 인기를 독차지하던 아나운서들이 소속되었다.

제1장 미주

1   시노하라 소죠는 경성방송국을 창립한 인물로 한국에서 가장 오래 근무하였으며, 해방 시 경성중앙방송국장을 지내다 귀국하여 조선방송협회에 근무했던 사람들이 1972년 일본에서 친목단체인 조방회(朝放會)를 창립하고 회장이 되었다. 2006년에 그의 딸(篠 慧子)이 부친을 회상하고 기리는 의미로『幻の放送局 -JODK』이라는 단행본을 펴내기도 했다.

2   1980년대 조방회에서 펴낸 것으로 보이는『조선방송협회약사 1924~1945』, pp3~4.

3   제3대 이사장을 지낸 호사카 히사마쓰 같은 이는 청진우체국장을 지낸 인물이었다.

4   강완수, 'JODK 적자해소책으로 수신료 인하―청취료에서 수신료까지②-',「방송문화」, 2002년 5월, p42.

5   조선일보, '경성방송국을 조선방송협회로', 1932년 3월 11일 자.

6   동아일보, '경성방송국을 방송협회로 개칭', 1932년 4월 13일 자.

7   조선일보, '경성방송국 개칭 조선방송협회로', 1932년 4월 13일 자.

8   이 당시 '이중방송'에 대한 개념을 이해하는 사람들이 많지 않아 저자의 논문, '경성방송의 성장 과정에 관한 연구'(광운대학교, 2006년 12월)에서 재인용하고자 한다.

9   경성방송 시대에는 '송신소'를 '방송소'로 지칭하였다.

10   최초의 방송소는 1932년 12월에 준공된 '연희방송소'이며, 일제하 최후의 방송소는 1945년 3월 방송을 개시한 '서산방송소'이다.

11   김성호,『한국방송인물지리지』, 나남출판, 1997년, pp225~237.

12   송재극·최순용, '한국방송기술사',『한국방송총람』, 방송문화진흥회, 1991년, pp1030~1034.

13 이 용어는 방송기기 및 사료를 평생 동안 수집하여 사저에 청원방송박물관을 개설했던 원로 방송인 유병은(1917~2009년)이 처음 사용하였다.

14 유병은, 『단파방송 연락운동』, KBS문화사업단, 1991년, p33.

15 앞의 책, p34.

16 성기석, '나의 방송시절 −단파사건−', 「신문과 방송」109, 1979년 12월, pp62~69.

17 한국방송공사, 『한국방송사』, 1977년, p4.

18 이 사료는 사단법인 경성방송국에서 발행한 1쪽 짜리 홍보 전단으로, 경성방송국 마크가 선명하게 나타나 있다. 그 내용은 '라디오의 3대 사명'과 'JODK 경성 방송국 방송시간표' 등 2개 아이템이 기록되어 있다.

19 보도는 원전대로의 표기이다. 현재는 '길 도(道)'로 쓰지만 1960년대와 1970년 대까지도 산발적으로 '이끌 도(導)'와 병행하여 표기했다.

20 경성방송 시대의 '옥외방송'은 스튜디오 바깥에서 행한 방송을 일컬었다. 옥외 방송에는 스포츠 실황중계, 극장 중계(연극, 영화, 음악회 등) 등이 있다. 야외방송 또는 실황방송이라고도 했다(조선일보, 1933년 8월 29일).

21 이내수, '오늘 뉴스는 없습니다 −이야기 방송사(27)−', 「KBS사우회보」 제146호, 2014년 6월 1일, p11.

22 한국방송공사, 『한국방송사』, 1977년 2월, p49.

23 저자 주석.

24 한국방송공사, 『한국방송사』, 1977년 2월, p56.

제
2
장

KBS 단독방송 시대의 기자
(1945~1961년)

해방 시기 및 1950년대의 방송 환경

해방과 더불어 미군정기와 정부수립기를 거쳐, 6·25전쟁의 상흔으로 얼룩진 1950년대까지는 한국사에서 암흑기라 할 수 있다. 이 책에서 이 시기 설정은 1945년 해방과 더불어 곧바로 도래한 미군정 시대를 거쳐 1948년 정부수립과 동시에 출범한 국영 단일방송 시대를 지나 1961년 12월 민간 상업방송의 출현 전까지로 하였다. 이러한 의도는 한국방송사의 전환기적 계기를 고려한 것이다. 즉 해방과 함께 닥친 미군정 시대의 방송 상황 및 정책 그리고 정부수립 후 일개 국局 단위로 출범한 국영방송 체제 등을 근거로 한 것이다. 그러나 그 당시의 국영방송 제도는 라디오 1개 채널에 불과하였기에 단

순하면서도 획일적인 측면이 없지 않았다.

한편 이 시기에는 일제로부터의 독립이라는 민족사적인 쾌거에 자주 독립국가로의 대한민국 정부수립이라는 감격스러운 분위기가 감돌았지만, 상대적으로 새로운 질서는 혼돈과 방황, 그리고 정체를 수반하기도 했다. 특히 1950년 6·25전쟁은 신생 독립국가로 힘겹게 다져가던 기틀을 송두리째 앗아가는 결과를 가져오기도 했고, 방송이라는 생체적生體的 미디어는 주변 환경과 더불어 진화와 소멸을 동반하였다. 이에 이 시대의 방송 상황을 미군정 시기, 정부수립 시기, 6·25전쟁 시기 등 3단계로 나누어 기존 연구를 통하여 음미해 보고자 한다.[1]

첫째로 미군정 시기는 체제 개편과 방송 편성의 현대화를 거론할 수 있을 것이다. 일본의 패망과 미군의 진주로 빚어지는 큰 질서의 재편에는 상당한 변화가 따랐는데, 미군정 당국이 조선방송협회와의 정리 단계에서 한국인 방송인들이 총회를 열어 임원급 책임자를 선출했다. 한국인 초대 방송협회장에 이정섭李晶燮, 총무부장에 권태웅權泰雄, 기술부장에 한덕봉韓德奉, 방송국장에 이혜구李惠求 등이 선출되었다. 이 선임의 방식과 선임된 인물은 오늘 한국방송계에서도 귀감이 될 사례이고 연구해야 할 과제라고 볼 수 있다. 정권마다 이념과 코드에 맞춰 임명하는 한국방송계의 수장들을 보면서 1945년 상황도 따라잡지 못하는 구태가 한탄스럽다.

이러한 관행은 공영방송의 경우만이 아니며, 특히 사영방송 사주의 상식을 뛰어넘는 편의주의 인사가 의식 있는 방송인들의 자존심에 큰 상처를 주고 있다. 2013년 연말에 한국방송협회장(SBS 사장)이 임기도 끝나지 않은 상황에서 지배주주의 보좌역으로 발령내는 횡포를 보면서 관료주의 못지않게 상업주의도 선진방송 체제 정립에 걸림돌이 되고 있음을 느낄 수 있었는데, 참으로 경악스러운 사건이라 할 수 있을 것이다.

아울러 이 시기에는 비록 서구적 성향을 보이기는 하지만 조직 체제나 편성 측면에서 볼 때 바람직한 개편이라 할 수 있을 것이다. 기구 조직에서 'Continuity Section'이 '기획과'라고 불리기도 했고, 'Production Section'은 제작과가 아닌 '연출과'라고 불려 미국 고문관들과 한국 방송인들 간에 개념상 혼선을 빚기도 했다. 즉 'Production Section'을 미국인들은 온갖 방송을 제작하는 곳으로, 한국인들은 방송극이나 음악 프로그램을 담당하는 부서로 이해했던 것이다.[2] 아무튼 이러한 변화도 바람직한 현상으로 보이지만 특히 정시 방송제 도입과 콜사인 시행은 방송사적으로도 획기적인 사건이었다.

이 제도가 도입되기 전까지는 〈뉴스〉, 〈가정 시간〉, 〈어린이 시간〉 등을 제외하고는 프로그램 담당자 마음대로 아무 때나 방송했다. 따라서 언제 어떤 프로그램이 방송될지는 담당자 이외는 아무도 알 수 없었다.[3]

미군정 시대라고 하여 바람직한 현상만 있었던 것은 아니다. 상업

방송적인 포맷의 도입이나 국영방송 제도의 고착화는 재론의 여지가 있을 것으로 보이는데, 특히 후자의 이슈는 심층적인 연구가 필요하리라고 여겨진다. 새 판을 짤 수 있었던 이 해방 공간에 우리의 방송 제도를 공영公營으로 출발하지 못했던 것이 자못 아쉽기만 하다. 공영 제도만이 지고지순至高至純한 기제라고 할 수는 없겠지만, 국영 제도 보다는 바람직하지 않겠느냐는 생각이 들기 때문이다.

이러한 상황은 사실상 저자의 논리적 추상일 뿐, 이를 뒷받침할 수 있는 문헌이나 연구가 있는 것은 아니다. 그러나 저자가 방송사 공부를 하다 보니 호기를 놓친 듯한 아쉬움 때문에 논리적 상상을 하게 되었고, 만약 미국의 결단이 있었다면 가능한 일이 아니었을까 하는 생각이 들었기 때문이다. 2차 세계대전의 승자인 미국이 패전국 일본 땅에는 공영 체제를 존속시키고 신생 독립국으로 가야 할 한국은 왜 국영 체제로 묶어 놓았을까? 한국의 방송 제도가 해방 70년이 가까워져 오는 현재에도 국영과 공영, 민영과 사영 등으로 뒤범벅된 현실을 보면 개탄스럽기까지 하다. 언제까지 이렇게 희한한 제도 속에 묻혀갈 것인가? 그러나 따지고 보면 제도 탓이겠는가? 이에 그 제도를 창출하고 운영하는 사람, 인간의 문제라고 여기면서도 해방 공간에서의 첫 단초가 타산지석의 교훈이 될 것이라고 본다.[4]

둘째로 1948년 8월 대한민국 정부가 수립되고 방송국이 공보처의 한 행정국 단위로 축소되면서 국영 체제가 자리를 잡고 방송인이 국가 공무원 신분으로 정착되었다. 새 정부의 방송관장 부처는 공보처였고 유일한 방송매체인 KBS 라디오는 공보처 산하의 하나의 행정국 단위인 방송국이었으며 산하에 10개 지방방송국과 9개 과(課)가 존치하였다. 이것은 군정 시대의 기구가 조정되는 영향으로 결국 방송 전문가들이 퇴진하고 방송에 이해가 없는 간부진이 새로 들어서는 사례가 발생해 방송이 침체되는 양상도 빚어졌다. 이러한 관행은 국영방송에서 공영방송으로 전환되는 1970년대 초기까지 이어지면서 방송의 전문화, 선진화에 큰 걸림돌이 되었다.

셋째로 1950년 6·25전쟁이 발발하면서 방송의 혼돈 현상이 가중되었다. 비단 방송 분야에 국한되는 현상은 아니지만, 국민을 계도해야 할 정보 미디어가 선도적인 기능을 수행하지 못했다. 열악한 환경 탓도 크겠지만 관리자들의 리더십도 문제였다. 중앙방송국이 대전, 대구, 부산방송국으로 남하하면서 방송이 국민을 아우르고 이끌어 가는 역할이 부족했다. 특히 전쟁 발발 직후 대통령이 대전으로 피난 내려와 '서울 사수 허위 사실'을 서울중앙방송국을 통하여 전국에 방송함으로써 역사적 치욕으로 기록되었으며, 이러한 보도방송의 사례는 국영방송 체제에서 심화되었다.[5] 또한 6·25전쟁으로 인한 유능한 방송인들의 납북이나 정동방송 터의 파괴 등은 한국방송사에 오랫동안 아픔으로 남아 있다. 이러한 후유증은 1950년 중·후반까지 계속되어 국가 발전에 발목을 잡았다. 그러나 상대적으로 연예와 오락 방송은 활기를 띠었으며, 라디오 드라마가 자리를 잡아가기 시작했다.

해방 공간에서의 뉴스 방송은 비교적 신속하고 정확했던 것으로 보인다.[6] 이러한 배경에는 1차적으로 방송기자의 출현에서 비롯되었다. 그 당시 서울중앙방송국장으로 최초의 방송기자를 구두 발령하였던 이혜구는 "그전에 없던 방송기자를 내보내어 기사를 직접 쓰게 하였고, 또 그 기사와 함께 기자의 성명을 방송하여 그 기사의 책임을 분명히 하였다. 당시의 청취자는 문제안, 조동훈이란 이름을 모를 이가 없을 것이다. 그런데 방송기자는 기사를 얻을 뿐만 아니라 다른 통신의 기사를 확인하는 일도 겸하였다"고 술회한 바 있다.

1950년대까지만 해도 방송기자는 신문기자와는 비교할 수 없을 정도로 인지도에서나 위상 측면에서 낮은 수준이었다. 더욱이 방송국 내의 다른 직종에 비해서도 소외되었다. 그 단적인 사례를 1958년 국내 유일의 방송전문지에서 '방송인의 24시간'이란 특집 편에 아나운서(장기범), 엔지니어(이종훈), 프로듀서(조부성), 편성자(한용희), 연출자(이보라), 성우(이혜경), 음악담당자(이성우) 등은 다루면서 기자 직종은 빠져 있는 것에서 찾아볼 수 있다.[7]

그러나 정부수립 10주년이 지나면서 1958년 하반기부터 보도방송에 대한 사료들이 나타나기 시작한다. 예를 들면 방송전문지 「방송 10년」 특집 기획에 '교양방송의 10년'과 '아나운서실의 10년' 사이에

'보도방송의 10년'이 나타나고,[8] 보도방송 분야의 비평이 실리기도 했으며,[9] 그 해 말에는 연말 총결산 편에 보도 분야가 편성 부문 다음에 기획되어 위치하기도 했다.[10]

이러한 변화의 조짐에도 불구하고 국영 체제에서 보도의 기능은 넘어설 수 없는 장벽이 있었다. 방송을 관장하는 부처의 장이 국무위원이며 그가 임명하는 방송 책임자가 2급 공무원 신분을 벗어날 수 없었다. 더욱이 시대적 상황이 민족상잔의 일대 비극으로 나라 전체가 그 후유증을 앓고 있었다. 국토는 초토화되었고 국민은 실의에 빠져 있었다. 방송 정책은 이러한 비극이 재현되지 않도록 대북방송의 강화책이 입안되었다. 따라서 방송국에서도 보도부서의 보강보다는 대공과 같은 직제가 우선시되었다.

이 시기 보도부서의 위상은 참으로 보잘것 없었다. KBS 방송국 내 방송 직종에서도 방송과, 연출과, 제작과, 편성과 등이 신설되었지만 한 차례도 보도과가 신설된 바가 없었다. 보도 분야, 방송기자는 언제나 방송과 산하의 하나의 계(係) 수준에 머물러 있었다. 가령 서울중앙방송국 방송과 보도계로 분류된 것도 1950년대 말이나 60년대 초반으로 추론되는데, 언제부터인지 모르지만 '보도계'라는 호칭이 기자의 세계와는 상치되어 '보도실'이라 불렸다.

해방 후 미군정기에 한국방송사에서 특기할 만한 사건인 '보도부'가 신설되었지만 반짝하고 말았다. 1946년 미군정장관 체제에서 기구개편에 따라 보도부가 신설되었다. 이 당시 개편 체제는 보도부와 편성부 2개부인데, 보도부에는 방송과와 편집과가, 편성부에는 기획과와 연출과가 존치했다. 그러나 이 직제는 얼마 못 가 개편되고 말았다. 이처럼 1950년대 국영방송 체제에서의 보도의 위상은 미군정기만도 못한 상황이라고 해도 지나치지 않을 듯하다.

미군정 시대의 기자(1945~1948년)

1945년 8월 15일 일제의 패망과 더불어 찾아온 대한민국의 광복은 한국사, 한국인에게 크나큰 영광이자 전환의 계기였다. 자력으로 쟁취한 독립이 아니라서 자존적自尊的 역사의 한恨을 불식하기 어렵지만, 식민지 체제에서 벗어난 것만으로도 민족사적 쾌거임이 틀림없다. 새로운 질서의 도래는 정치·경제·사회·문화 전 분야에 걸쳐 시스템의 변환을 요구하게 된다. 방송에서도 비록 미군정이 관장하였지만, 일본이 장악했던 경성방송의 체제에서 대한(서울)방송으로의 전환이 급속하게 이루어졌다.

방송의 장르 가운데 보도 분야는 전혀 새로운 출발이 요구되었다.

▌ 한국 방송기자 1호인 문제안이 이승만 대통령과 인터뷰하는 모습(1950년대 후반 HLKZ-TV 시절)

한국인 위주의 뉴스 취재 및 방송뿐만 아니라 한국인 기자가 전무하던 불모지에 한국어 방송의 뉴스가 편성되었으니 뉴스를 생산할 보도시스템이 급조될 수밖에 없었다. 이에 통신을 아우르는 뉴스 편집자, 뉴스를 취재하는 기자가 탄생하였다. 이러한 체제를 주도적으로 구축한 이가 그 당시 서울중앙방송국장 이혜구李惠求였다. 그의 지시에 따라 문제안文濟安이라는 최초의 방송기자가 탄생하고 최초의 편집실무책임자인 이덕근李德根이 출현하였다. 후임으로는 전제옥全濟玉, 강준원姜駿遠, 조한긍趙漢兢 등이 보인다.[11] 같은 시대 기자로는 문제안과 쌍벽을 이루었던 조동훈趙東勳이 있다.

문제안은 1920년 4월 서울 출생으로 일본 메이지대학교 문예과를 졸업하고 귀국하여 연극과 영화 관련 일을 하다가 1943년 경성중앙방송국 아나운서로 방송계에 입문했다.[12] 그는 1945년 해방 후 방송기자가 전무하던 시절, 방송 책임자인 이혜구의 구두 발령으로 기자의 업무를 시작하게 되었는데, 이것이 그가 한국 방송기자 1호라는 영광을 보유하게 된 계기이다. 문제안은 그 당시 상황을 "회의에서 돌아온 이혜구 과장은 나를 불러 '이 시간부터 너는 방송기자다. 뉴스 시간에 방송할 기사를 취재해 오라'고 나를 우리나라 첫 방송기자로 구두 발령을 냈다. 1945년 8월 16일 오전 9시 30분이었다"고 기술한 바 있다.[13]

문제안은 미군정 하의 KBS에 근무하다 미국인 고문관들과의 마찰로 퇴직하고 신문 분야에 진출해 있다가 방송 선배들의 권유로 프로듀서로 재취업해 〈스무고개〉, 〈라디오 3면〉 등을 제작하기도 하였다. 그는 1950년 6·25전쟁 시에는 종군기자로 활동하는가 하면 1950년대 후반에는 텔레비전 방송국(DTV)에서 교육 프로그램을 제작하는 등 방송 활동을 이어갔다. 한편 그는 공개방송 프로그램에 패널로 참여한 적이 있는가 하면, 만년에는 한글운동에 열정을 쏟기도 하였다. 그는 2012년 6월 92세 나이로 별세했다.

해방과 함께 시작된 대한민국 초대 방송기자! 나는 그 단 한 사람밖에 없었던 역사적인 초대 대한민국 방송기자로서 8·15해방을 취재했다. 거리에 태극기가 나부끼고 만세 소리가 터져 나오고, 그렇게 우쭐대던 왜놈들이 꼬리를 사타구니에 끼고 비실비실하는 도랭이 먹은 개처럼 골목으로 빠져나가고. 이 얼마나 통쾌스러운 일이냐?

이 통쾌스러운 일을 내 손으로 기사를 써서 신문도 제대로 안 나오고, 나왔자 교통이 마비되어서 배달되지도 않아, 모두 다 방송만을 기다리고 있는, 그것도 단 하나 밖에 없는 서울중앙방송국의 방송 전파를 타고 전국 방방곡곡, 아니 일본으로 만주로 중국으로 힘차게 뻗어나가니 이 얼마나 자랑스러운 일이냐?

1945년 10월 17일 오전 11시 30분 정기 뉴우스 시간에 서울중앙방송국 –지금의 덕수국민학교 뒤 언덕 위에 높이 솟아 있던 옛날의 정동방송국– 그 아래층 제5스튜디오 세 평도 안 되는 작은 방송실에서 윤용로 아나운서가 "본 방송국 문제안 기자가 지금 방송실 안에 뛰어들어와서 중대 기사를 쓰고 있으니 잠깐만 기다려 달라"면서 신나는 행진곡을 틀고 있는데 바로 그 옆에서 전날 10월 16일 금요일 오후 4시에 쥐도 새도 모르게 한국에 돌아오셔서 당시의 주한미군사령관 하지 중장의 안내로 다음날인 10월 17일 토요일 아침 1시에 중앙청 회의실에서 국내 기자단과 첫 회견을 한 이승만 박사 한국 기자회견의 회견 기사를 나는 쓰고 있었다.

첫 장을 다 쓰자 윤용로 아나운서는 더 참을 수 없어 첫 장을 그 대로 빼앗아가다시피 해서 방송하고 다음을 기다릴 수 없어서 "다시 한 번 말씀드리겠습니다"고 말하면서 첫 장을 다시 한 번 되풀이 하면서 다음 장을 기다리고, 그러는 동안에 나는 둘째 장을 처음부터 다시 되풀이하고, 그러는 동안에 나는 셋째 장을 쓰고, 쓰는 족족 내 기사는 전파를 타고 전국 방방곡곡에 퍼져 나가고, 그 전까지 기사를 하나하나 검열하던 검열관 미군 대위도 너무 흥분해서 검열할 생각조차도 못하고 그저 옆에 서서 기사 쓰는 내 손끝만 내려다보고. 내 일생 최고의 시간이었을지 모른다.

「방송문화」 제2권 2호(1969년 3월)에서

이덕근李德根은 1943년 문제안 등과 더불어 아나운서로 방송계에 입문하였다. 1945년 해방 후에는 이계원 과장, 민재호 계장 밑에서 윤길구와 현업 주임으로 활동하였다. 뉴스와 낭독이 매끄러워 그를 아나운서로 성장시키려는 선배들이 있었으나 학구적인 면모 때문인지 뉴스 편집자로 발탁되어 편집계장이 되었다. 해방 당시의 방송국은 뉴스를 자력으로 방송해야 했기 때문에 취재보다는 각종 통신을 이용하여 편집하는 능력이 필요했다. 그는 상사인 이계원의 지휘를 받아 '뉴스편집 요강'을 만들었는데, 이것은 우리 방송사상 처음으로 작성된 뉴스 편집에 관한 지침이다. 얼마 뒤에 그는 편성계장 자리로

옮겼으며, 4개월여 후에는 연출과장이라는 직책을 맡게 되었다.

이덕근은 1953년 서울신문으로 옮겨 문화부장, 논설위원 등으로 활동하다가 1965년 교육계에 투신하여 서라벌예술대학의 방송학 교수가 되었다. 이후 서라벌예술대학이 중앙대학교와 통합되자 중앙대학교 예술대학 문예창작과 교수로 자리를 옮겨 정년까지 근무하였다. 또한 그는 1986년 '우화 이덕근 교수 고희기념문집' 『산있고 물있고』를 출간했는데, 이는 그가 중앙일보의 기획 시리즈물인 '남기고 싶은 이야기'에 쓴 글과 가족 친지들의 헌사를 모아 발행한 책자이다.[14]

조동훈趙東勳은 기록마다 약간씩 차이를 보이고 있다. 문제안은 "조동훈이 1945년 11월 1일부터 방송기자로 나와 합류했다"고 기술[15]하고 있지만, 유병은의 채록에 의하면 9월부터 본격적으로 방송기자로 활동을 시작했다고 한다.[16] 유병은의 기록에는 1916년 1월 1일생으로 되어 있으나 한국언론재단이 펴낸 인물사전에는 1917년 출생하여 1979년에 별세한 것으로 나타나 있다.[17]

조동훈은 1940년 일본외국어대학을 졸업하고 만주 신경방송국 기자로 활동하다가 해방이 되자 귀국하여 KBS 서울중앙방송국 현장 취재기자로 활약했다. 그 당시에도 뉴스보도에서는 취재기자의 이름을 밝혀 신뢰도를 높였는데, 청취자들이 조동훈에게만 유독 이상한 반응을 보였다. 조동훈 기자는 빨갱이니 공산당을 방송국에서 내쫓

으라는 전화와 투서가 답지했던 것이다. 그것은 문제안 기자가 주로 우익정당을 담당해 보도한 데 반해 조동훈 기자가 좌익정당의 활동을 보도한 데 따른 오해였는데, 시간이 지나면서 청취자들의 오해였다는 것이 자연스럽게 밝혀지면서 점차 잠잠해졌다.[18]

조동훈은 이덕근, 윤길구, 문제안, 조봉순, 장사훈 등과 서교동 연희송신소 바깥 사택에 거주하면서 방송에 사명감을 갖고 열정을 쏟다가 1947년 신문 분야로 진출하였다. 그는 다시 경향신문 정경부 기자로 옮겼다가 그 다음 해 서울신문으로 이적한 후 1950, 60년대 연합신문·서울신문·동화통신·시사통신 편집국장으로 신문기자의 전성기를 누렸다. 한편 1960년대 KBS 해설위원으로 활동한 기록도 보이는데, 1970년대 들어서서는 시사통신 전무이사로 7년여 재직하기도 했다.

전제옥全濟玉은 이덕근 후임으로 편집계장에 임명되었다. 그는 영문학을 전공한 학구파로 미군 진주와 함께 방송국에 들어와 여러 가지 일을 맡아서 하다가 영어에 능통하여 미군 고문관에게 매일 뉴스 아이템을 보고하다 보니 국내외 정세에 밝아졌고 뉴스 다루는 솜씨도 익히게 되어, 아예 편집계장으로 눌러앉게 되었다. 그러나 중요한 뉴스 편집은 언제나 이계원 방송과장의 손을 거칠 수밖에 없었다. 이계원의 탁월한 책임감과 열정은 매우 강해서 방송을 위해 세상에 태어난 사람처럼 휴일에도 한 번도 자리를 비우지 않고 방송과 함께 숨을 쉬었다.[19] 한편 전제옥은 얼마 후 편집계장 자리를 떠나 서울대학교로 옮겨 영문학 교수로 교육과 연구에 전념하였다.

강준원姜駿遠은 전제옥 후임으로 편집계장이 되었다. 그는 문제안, 조동훈 등과 함께 방송기자로 활약했으나 주로 안에서 편집을 담당했기 때문에 곧바로 편집 실무책임자로 승진할 수 있었다. 그는 방송국에 처음 들어갔을 때를 회고하면서 자기는 남의 글을 베끼는 사자출寫字出, 필생筆生 기자라고 했다. 그것은 합동통신이나 조선통신에서 방송에 적합한 뉴스를 추려서 아나운서가 읽기 편하게 정서하는 일을 맡았기 때문이다. 그는 영어에도 능통하여 미군 고문들이 집필한 '뉴스 속의 뉴스'(한 주간의 뉴스 리뷰)를 번역하기도 했다. 그러나 방송국의 보수가 워낙 형편이 없어서 오래 근무할 수가 없었던지 편집계장과 기자 생활을 합해 약 2년 만에 이직하고 다른 직장으로 옮겼다.[20]

조한긍趙漢兢은 1946년 미군정청 공보부의 보도 관계 직원으로 들어가서 1947년 6월 서울중앙방송국 방송과 편집계로 전근되어 보도 업무에 종사하기 시작하여 무려 10여 년간 뉴스 방송에 전념하였다. 그는 성격이 꼼꼼하고 끈기가 있어 하루 종일 일하는 동안 자리를 뜨는 일이 없었으며, 1948년 8월 정부수립 시기에 초대 사무관으로 승격된 것으로 회고한 적이 있다.[21]

조한긍은 1951년 서울 수복 선발대에 기술자들과 함께 보도기자를 대표하여 참여하기도 했으며 전후에는 해외로도 눈을 돌려 〈해외 논조〉, 〈해외 신문〉 같은 프로그램도 새로 편성했는데, 이때에도 뉴스 편집은 그가 직접 담당했다. 그는 1957년경 공보부 방송관리과 지도계장으로 자리를 옮겨 관리자로 수련을 쌓은 후 그 다음 해 8월 춘천방송국장으로 승진해[22] 근무하다가 퇴임 후 병을 얻어 요절하였다.[23] 그의 업적은 제4장에서 자세히 살펴보려고 한다.

국영방송 시대의 기자(1948~1961년)

1948년 8월 대한민국 정부가 수립되고 국영방송 관장 부처인 공보처 방송국(KBS)에서는 공채시험을 거쳐 방송기자를 여러 명 선발했다. 그 해 10월에[24] 입사한 이들이 김인현金仁鉉, 최재요崔在曜, 권중희權重熙, 허덕호許德鎬, 김광국金光國, 편용호片鎔浩, 김우용金禹鎔, 신기철申基徹 등이다.

이 공채는 우리나라 방송사에서 첫 방송기자 선발이었기 때문에 좀 더 명확하게 논증論證하고 넘어가야 하겠다. 저자는 구술보다는 문헌을 통해 기술하는 관행을 고수하고 있는데, 이는 말보다는 글이 더 깊이가 있고 신뢰성이 크기도 하며, 구술 대상자가 대체로 고

령인 경우가 많아 기억력에도 한계가 있기 때문이다. 따라서 한국방송기자사를 정확하게 정리하는 차원에서 노정된 문제점을 도출하여 많은 이들로부터 조력을 받는 방안이 바람직할 것으로 보인다. 이것이 후학들이나 차세대 연구자들에게도 보완의 기회를 제공하는 바른 길이라 할 것이다.

첫째로 공채 시기다. 정부수립 직전인지 직후인지 모호模糊하게 기술된 자료들이 있다. 정확하게 10월이라고 명기된 문헌이 앞에서 밝힌 한영섭의 글이다. 더욱 신뢰할 수 있는 근거로는 그가 1949년 1월에 기자로 입문한 데다 보도 책임자로 오래 활동했기 때문이다.

둘째로 공채 인원이다. 10명이라고 기록된 문헌이 대부분인데, 예를 들면 『한국방송사』(한국방송공사, 1977년, p169)와 『한국방송과 50년』(노정팔, 1995년, p38), 그리고 위의 한영섭의 저작에도 똑같이 10명으로 명기되어 있다.

셋째로 공채 기자의 이름이다. 어느 문헌에도 10명 모두의 이름이 명기되어 있지 않다. 한영섭은 위의 8명 가운데 최재요 대신 조동훈을 포함했지만 『한국방송사』에는 조동훈은 없고 최재요가 있다. 조동훈은 1945년 문제안과 기자 활동을 함께했는데, 이때 시험에 응시했는지는 알 수가 없다. 따라서 2명의 신입 기자는 누구인지 밝혀져야 할 것이다. 이들 가운데 기자로 방송 현장에서 오래 활동한 이는 김인현이다.

김인현은 1940년대 말 유일한 라디오 방송매체인 KBS에 기자로 출발하여 1960년대 초 민간 상업방송으로 개국한 서울MBC의 보도 책임자로 스카우트되어 20여 년간 방송계에서 일한 보도방송의 선각 자라 할 수 있다.

김인현은 열악한 환경에서 기자로 활동했는데 우선 선발 매체인 신문에 비해 방송은 인지도가 크게 떨어졌고, 특히 국영방송이라 공무원의 신분을 벗어날 수 없었으며, 부서의 위상이나 취재 장비도 미약한 수준이었다. 보도부서만은 아나운서 출신의 방송과장 휘하의 기자로 고작 보도계장이 치프였다. 그는 1950년대에 들어서서도 국영방송 KBS의 기자로서 취재 현장과 데스크를 지켰는데, 1961년 1월 행정주사(지금의 6급 공무원) 직급으로 서울중앙방송국 보도계장이 되었으나,[25] 그 해 7월 1일 KBS가 해외방송을 위해 서울국제방송국을 개국하자 보도계장으로 이동했다.

김인현은 1961년 10월 민간 상업방송으로 출범한 MBC 보도 책임자가 되어 KBS를 떠났다. 그는 MBC에서 방송부장 산하의 보도과장으로서 개국 프로그램 준비에 몰두했다. 국영방송과의 차별화에 역점을 두면서 1963년 2월에는 정시뉴스 체제를 시보 전 5분, 10분 뉴스 체제로 전환하여 빠르고 정확한 뉴스 전달을 위해 파격적인 개편을 단행했다.

김인현은 1966년 3월 보도국이 신설되자 초대 보도국장으로 승격

1949년 8월 27일 정부수립 후 처음으로 방송인들이 미국 연수를 떠나는 모습(여성이 숙명여대 총장을 지냈던 김옥렬)

되었다. 그는 그 다음 해 '방송의 날'을 맞아 제10회 방송문화상 보도부문 수상자로 선정되었다. 이후 1968년 10월 보도국장 자리에서 물러나 주일특파원으로 2년간 활동하다가 귀국하여 라디오총국장, 부산MBC TV국장 등을 지내다 방송계를 떠났다. 그가 방송보도에 끼친 업적은 제4장에서 자세히 살펴보기로 한다.

최재요는 출입처에 나가는 외근 기자보다는 안에서 조용히 편집하는 것이 낫다고 했다는 기록[26]이 보이기도 하는 한편, 1952년 12월 공보처방송국 「직원록」[27]에는 서울방송대[28] 소속으로 되어 있다.

김우용은 그 다음 해 8월 서울신문사로 이적한 것으로 나타나 있다.[29] 그는 서울신문 사회부 차장, 부장을 거쳐 1963년 MBC 보도과에 촉탁 기자로 입사하기도 했다.

편용호는 1950년경 국제신보, 부산일보를 거쳐 연합신문 등에 근무하다 한국일보로 옮겨 정치부장, 편집부국장 등을 지낸 후 정치계로 진출하여 6·7대 국회의원을 역임했다. 그 밖에 권중희, 허덕호, 김광국, 신기철 등은 방송사 관련 문헌에서 찾을 수 없다.

1949년에 들어서 한국의 유일한 단일 방송매체인 KBS는 뉴스 프로그램의 강화를 위하여 신년 초 1월에 신입 기자를 공채하였다. 그때 KBS 보도실에 들어온 이가 한영섭韓永燮, 조동표趙東彪, 김영철金榮徹, 이경수李京洙, 구주현具周炫, 이건정李建政, 조낙기趙樂起, 김종빈金宗彬 등 8명이다.[30] 이 가운데 한영섭은 KBS 보도 현장을 가장 오래 지켰고 보도 책임자를 지내기도 했다.

한영섭은 1949년 1월에 입사하여 4개월 동안 연수를 받은 후 출입처를 '반민특위反民特委'로 배정받아 활동하다가 그 해 8월 국방부를 담당하던 김우용이 서울신문사로 이적하면서 그 출입처를 인계받았다. 그는 이 시기에 출입 동료 기자들과 육군사관학교에서 군사훈련을 받았으며 6·25전쟁 시에 종군기자로 참여하게 되었다. 이로써 그는 한국방송 최초의 종군기자가 되어 부산에서 평양, 청진 등을 유엔군을 따라 참전하는 저널리스트로 활약하였다.

한영섭은 종군의 와중에서도 1952년 부산에서 벌어진 5·26정치 파동이나 1953년 군사정전 협정 등을 겪었으며, 서울 수복과 중앙방송국의 상경 등 시대적 이슈와 더불어 기자로서의 역할을 분주히 수행해 나갔다. KBS 보도는 1950년대 중반 들어 외신 뉴스가 강화되면서 외신기자를 특채하자 외신팀과 내신팀이 분류되었다. 이때 그는 내신 분야의 치프가 되었다. 그리고 그는 1959년 보도계장으로 승격되면서 KBS의 보도 책임자가 되었다.

한영섭은 보도방송의 치프로서 어려운 시대 상황을 헤쳐나갔다. 3·15 부정선거와 4·19혁명의 한복판에서 제도권 하에 묶인 국영방송의 보도는 참으로 고난의 행군이었다는 표현이 적절할 것이다. 제2공화국이 들어서서도 국영방송의 방송은 더욱 혼미스러웠으며, 정부의 통제가 까다로워지고 압력도 거세어졌다. 이러한 혼란의 시대 속에서 그는 1960년 방송을 관장하는 내각사무처 장관이 집무실로 불러 뉴스 원고의 검열을 실시하겠다고 통보하자 즉석에서 거부한 후, 보도 책임자 직을 사임하고 14년 동안의 방송기자 생활을 마감하였다.[31] 제4장에서 그의 방송기자 활동상을 좀 더 살펴보기로 하겠다.

조동표는 방송기자로 입사한 후 얼마쯤 있다 중학교 교사로 자리를 옮겼다고 자술한 기록으로 볼 때 방송보도 현장에서 떠난 것으로 보인다.[32] 그러나 그는 1955년 한국일보에 입사하여 체육 전문기자로 명성을 날렸다. 한국일보·일간스포츠 체육부장을 거쳐 관련 신문사 부국장, 논설위원 등을 지내며 한국 체육 발전에 크게 기여했다. 그는 오랫동안 KBS 등 각 방송사에서 직간접적으로 체육 관련 해설 및 논평을 맡아왔다.

이경수는 KBS 기자로 오랫동안 근무한 것으로 보인다. 그는 1965, 66년도『방송연감』에도 보도실장 박상진 다음으로 기재되어 있다.

이건정은 1952년 직원 명부에 뉴스 편집실 소속으로 조한긍, 한영섭 다음에 표기되어 있는 것[33]으로 보아 6·25전쟁 시기에도 보도 현장에 있었음을 알 수 있다. 그러나 김영철金榮徹, 구주현, 조낙기, 김종빈 등은 방송 사료에서 찾아볼 수 없다.

한편, 한영섭의 어느 기록에 따르면 KBS는 '1950년 1월에 홍순구洪淳球, 조용하趙龍夏, 김영철金榮哲 등 4명을 보강하였다'고 되어 있다.[34] 한 명은 밝혀지지 않았다.

홍순구는 방송기자 생활을 짧게 하고 신문사로 옮긴 것으로 보인다.『한국언론인물사전』에는 자유신문, 서울신문 등에 근무한 것으로 나와 있는데, 서울신문 시절에는 사업국장을 지내기도 했다. 1916년 1월 경기 출생으로 기록되어 있는데, 홍순구의 프로필에 'KBS 중앙방송국 기자(49)'로 되어 있어[35] 입사 연도가 혼란스럽다. 조용하에 관한 기록은 찾지 못했다.

▌남산 시대를 연 서울중앙방송국 건물(1957년 12월 준공)

김영철金榮哲은 KBS 보도 분야에서 오랫동안 근무했다. 1961년 1월 방송전문 신문에 새해의 포부를 "우리 20명의 서울중앙방송국 기자들은 취재비를 두둑이 갖고 신형 녹음기를 실은 오토바이를 전속력으로 달리며 발전하는 나라 모습을 스켓취 해보는 것이 소원이다"고 밝히고 있다.[36] 한편 그는 1961년 4월경에 제2방송과 대일계 임한규가 1과 보도계로 전근가면서 교체되는 상황에 이르기도 한다.[37]

김영철은 1961년 후반기에 김인현이 국제방송국으로 전근되면서 기자들의 치프인 보도계장이 된 것으로 보이는데, 『KBS 연감』(창간호, 1961년 12월)에 방송과장(장기범) 아래 방송계장(임택근)과 더불어 포진되어 있는 것을 볼 수 있기 때문이다. 이 사료 후에 출간된 『방송연감』(창간호, 1965년 3월)에는 김영철은 보이지 않고 보도실장으로는 박상진이 나와 있다.

KBS는 1955년 4월 1일 텔리타이프를 설치하여 외신을 직접 수신하는 시스템을 갖추면서 외신을 강화하는 차원에서 외신기자를 선발하였다.[38] 이때 부산 피난시절부터 뉴스 번역을 담당해 오던 윤태로를 책임자로 하고 한기욱, 박상진 등 4명을 채용하였다.[39]

윤태로尹泰魯는 부산 피난시절 KBS와 인연이 되어 1950년대 후반에 서울중앙방송국 제1방송과 보도계에서 기자로 활동하였다. 그는 1958년 8월 미국으로 1년간 방송연수생으로 파견되는 행운을 누리기도 했는데, 그 당시의 그는 '미국통신'이라 하여 주간방송지에 소식을 보내오기도 했다.[40]

> 지난 9월 1일 워싱톤에 무사히 도착해서 약 2주일간 미국의 전반적인 소개를 받고 지난 15일 이곳 보스톤에 왔습니다. 우선 방송기초와 방송편성, 방송원고작성 그리고 연출 등을 1학기 코스로 선택했습니다. …… (중략) …… 이곳에서 제일 먼저 느낀 것은 거대한 국토에 진취성 있는 미국인이라는 것입니다.[41]

윤태로는 외신기자 시절인 1957년 8월 방송전문지 「방송」(표지 '방송' 제호 옆에 'KBS'가 크게 부기되어 있다)에 윤민尹民이라는 필명으로 '외신번역에 종사하면서'라는 두 페이지 분량의 글이 실렸는데, 그 말미에 "우리 방송국도 다른 나라와 같이 주요한 국제무대에 특파원이라도 파견해서 직접 기사를 연락할 수 있는 시대가 머지않아 도래할 것으로 기대한다"고 하기도 했다.

윤태로는 1961년 초 사무관으로 승진하여 제2방송과 편성계장으로 임명되었다.[42] 그 후에 KBS 3국(서울중앙방송국, 서울국제방송국, 서울텔레비전방송국)의 편성과장, 해외과장, 중앙방송국 TV부장 등을 거쳐 문화공보부 방송관리국장을 역임하는 등 고위 관리직에 올라 방송 정책을 관장하기도 했다.

한기욱韓基旭은 1950년대 말 방송기자로 활동하면서 외국의 저명인사들과의 인터뷰를 전담하다시피 하였다. 그는 덜레스 미 국무장관을 비롯하여 테일러 미 육군참모총장, 아시아반공청년대회에 참석한 각국 대표 등과의 마이크 인터뷰를 뉴스에 활용하였는데, 이러한 자신의 활동을 소개하면서 방송기자가 염두에 두어야 문제를 다음과 같이 피력하기도 했다. "방송기자는 대중이 알아들을 수 있는 말을, 즉 쉬운 표준어를 사용하고 문장은 구어체를 사용하되 짧게 쓴다든가 또는 인명과 지명 등의 고유명사는 문장마다 되풀이하고 대명사는 될 수 있는 대로 사용하지 않는다는 것 등을 지켜야 한다"[43]는 것이 그것이다.

한기욱은 1958년 5월 한 방송전문 신문에 필리핀에 장기 체류하며 연수를 받은 기록으로 "본인은 1957년도 ICA 기술정보교환계획의 한 분야인 농촌기자라는 명목 하에 작년 11월 23일 고국을 떠나 필리핀에 가서 5개월간 신문화를 연구하고 겸하여 방송시설을 시찰한 후 지난 4월 23일에 귀국하였습니다"라고 연수기 서두를 기록하고 있다.[44]

한기욱은 1960년대 들어서 공보부 방송관리국으로 전출되어 방송 관련 행정을 맡아 하다가 관료로 승진하여 대구방송국장, 공보부 해외과장, 서울국제방송국 제2과장 등을 지냈다.[45]

박상진朴尙震은 앞의 두 사람과 달리 KBS 기자로서 오래 활동했다. 그는 1958년 2월 동남아 친선 예술사절단 파견 시 52일간 취재기자로 동행하기도 했다. 이후 1963년 KBS 기자 부서인 보도실(보도계)의 책임자로 실장이 되었는데, 3월 미 국무성 초청으로 미국의 라디오 TV 현황을 견학하기 위해 4개월 예정으로 떠났다는 기사가 보인다.[46] 그는 1967년 광주방송국 방송과장을 거쳐 그 다음 해 중앙방송국 방송과장을 역임하기도 했다. 중앙국 방송과장 보직은 아나운서 직종의 전유물처럼 윤길구, 장기범 등 유명 아나운서 출신들이 보임되었던 자리였다.

박상진은 기자로서 첫 방송과장이 되었는데, 방송과장은 아나운서실(방송계)과 보도실(보도계)을 관장했다. 그는 공무원 신분으로 월남·인도·오사카 공보관을 지낸 후 1981년 퇴임했는데, 그 후 KBS올림픽방송본부 기획위원, 방우회 이사 등으로 활동했다. 그는 보도실장 시절인 1964년 방송문화상(보도부문)을 수상하기도 했다.[47] 이는 기자 출신으로는 최초로 받은 보도부분상이다. 그전에는 대체로 아나운서나 시사평론가들이 수상했다.

1957년 12월 휴대용 녹음기의 도입으로 녹음 뉴스 폭이 넓어지면서 이때를 전후하여 정연권, 이창규, 이낙용, 김남훈, 문상락, 윤박, 송석두, 주창순, 홍길두, 손병호 등과 텔리타이프실의 신영호, 한정준, 윤광한 기자 등이 들어와 많은 활약을 했다.[48] 여기에서 노정팔의 문헌을 보면 신영호, 한정준은 1955년 5월 1일에 들어오고 윤광한이 나중에 가세했다고 기록되어 있다.[49] 이러한 사실을 뒷받침할 근거를 이 외에는 찾기 어려우나 이 시기의 범주이므로 큰 문제가 되지는 않을 것이라 생각한다.

정연권鄭然權은 잠시 근무한 것으로 보인다. 『한국언론인물사전』에 따르면 1955년에 한국일보에 입사하여 1958년부터 동아일보로 이적하여 1990년대 후반까지 그곳에서 부장, 논설위원, 영국특파원 등으로 활동한 것으로 되어 있다.

이창규李昌珪는 KBS 보도부서에 오랫동안 근무한 것으로 나타나 있는데, 1962년 『KBS 연감』에 5년 근무 경력자로 표기되어 있다.

이낙용李樂鎔은 MBC로 이적하여 부장, 도쿄특파원, 보도국장, 도쿄지사장, 보도이사를 거쳐 MBC전주 사장, 방송문화진흥회 이사를 지내는 등 MBC에서 방송 생애를 보낸 것으로 나타나 있다.

김남훈金南勳, 문상락文相洛 등은 1962년 『KBS 연감』이나 『한국언론 인물사전』(2008년) 등에도 나타나 있지 않다.

윤박尹博은 KBS 기자로 활동을 하다 1961년 MBC 개국과 더불어 이적하였다. 그는 방송기자로 활약하다 1964년 보도 분야의 치프인 보도과장을 맡았다가 보도부로 승격되면서 초대 보도부장을 역임한 후 보도부국장 등 여러 보직을 지내고 퇴임하여 방송윤리위원회 사무국장을 맡기도 했다.

송석두宋錫斗는 1961년 12월 MBC 개국과 더불어 보도과로 이적한 후 편집부장 등을 역임했다.

홍길두洪吉斗는 KBS 기자로 활동하다가 MBC 개국 직전인 1961년 11월 1일 스카우트되어 일본특파원, 보도제작부장, TV보도부장 등을 지냈다.

손병호孫昞鎬[50]는 1960년 서울신문 정치부 기자로 옮겨 주일특파원 정치부장 대우, 제2사회부장, 조사부장 등을 거쳤다.

신영호申英虎는 KBS에 오래 근무하면서 월남특파원으로도 활동했으며[51], 보도국 사회문화부장 서리, 편집부장, 지방부장 등을 거치며 1970년대 후반까지 근무했다.

한정준韓廷俊[52]은 KBS에 입사하여 1964년 라디오서울 개국과 더불어 스카우트되어 동양방송 보도국차장, 정경부장, 기획위원 등을 역임했다.

주창순朱昌淳은 언론인 사전에도 나타나 있지 않다.

이 때를 전후하여 **박중희**朴重熙도 KBS 직원으로 대외방송계에 근무한 기록이 보인다.[53] 그는 『한국언론인물사전』에 KBS 기자로 1957년에서 1960년까지 일한 것으로 나타나 있는데, 서울대학교 사회학과를 졸업하고 한국일보에 입사하여 근무하다 KBS로, 다시 한국일보와 중앙일보에서 영국특파원으로 활동하기도 했다. 관훈클럽 창립회원이다.[54]

이 시기의 KBS 기자들을 더 찾아볼 수 있는 기록은 '1958년 8월 15일 현재 KBS 인명록'이다. 그 당시 월간지 「방송」(1958년 8월호)에 게재된 「방송인명록 KBS」(공보실 방송부문)에서 기자로 보이는 이들을 추출해 보면 다음과 같다. 이 기록은 직명이 기자, 아나운서, PD 등으로 기록되어 있지 않고 주사, 방송사, 기사, 촉탁 등으로 되어 있어 기자인지 PD인지 알 수가 없다. 물론 방송사나 기사는 아나운서, 기술자로 파악되지만 그 밖의 직명은 혼선을 빚을 가능성이 있다. 저자의 안목으로 나름대로 정리해 보지만, 오류가 발생할 경우 차후에 보완되어야 할 것이다. 이들은 대부분 서울중앙방송국(HLKA) 제1방송과 소속으로 한영섭, 김인현, 윤태로, 한정준, 신영호, 윤광한,

▌ 1952년 11월 신문사, 통신사 기자들과 일선을 찾은 문시형(아래 오른쪽에서 두 번째)

한기욱, 박상진, 김영철, 이창규, 윤박, 이낙용 등인데 대체로 앞에서 거론된 KBS 국영방송의 기자들이다.[55] 그 당시 제1방송과의 주사 직급만 해도 한영섭, 문시형, 이상만, 강정수, 김인현, 이호원, 윤태로, 한용희, 이성우, 김형근 등 10명이다. 이 가운데 기자 관련 업무를 담당한 이는 한영섭, 윤태로 등에 불과하며 문시형이 PD직에서 기자직으로 옮겨 활동한 시기로 보인다. 따라서 문시형은 다음 글에서 그 당시 기자 활동의 감회를 피력하고 있다.

주사主事라면 국가공무원 중에서도 하급 공무원임에는 틀림없다. 그러나 대서울중앙방송국의 기자라는 직분을 맡은 주사는 일반 행정관청의 주사와는 약간 다를 것 같기도 하다. 과장된 얘기일지 모르나 대서울중앙방송국의 청취자가 3천만이나 있음으로……. 그러기에 관등官等으로 보아서는 까마득한 상관인 장관에게 질문의 화살을 마구 던지기도 하며 때에 따라서는 농弄을 통해서 어떤 새로운 사실을 캐내려고 하기도 하니까…….

기사를 쓰려 남산 언덕길을 허덕이며 올라가다가는 쓴웃음을 지을 때가 한두 번이 아니다.

나는 주사냐? 기자냐? 그러나 이럴 때마다 주사라는 관념을 버리려고 애쓴다. '방송기자가 아니라 신문기자가 되어간다' 이러한 모 부 장관의 비웃는 말인가 하면 심지어는 '야당지가 할 소리를 방송으로 막 때려……'하면서 너털웃음으로 말끝을 흐려버리는 모 부 차관의 농도 있다. 아마도 이와 같은 말을 듣기에 따라서는 나 자신이 주사가 아니라 기자라는 야릇한 감정 속에 사로잡히게 된다. 그럴 때마다 '방송기자가 기사를 취재할 때에는 자연인인 개인이 아니라 대서울중앙방송국을 대표하고 나아가서는 방송청취자를 대표하는 것임으로 누구를 대하는 대등한 입장에서 자신의 행동에 신중을 기하라'는 선배의 말이 생각나며 또한 그 길을 쫓으려고 다시 한 번 노력하겠다는 각오를 하게 된다. 방송기자. 대통령에게 마이크를 대고 국무위원에게도 심지어는 길가는 사람에게도 마이크를 들이대는 방송기자……. 방송기자가 맛볼 수 있는 기쁨은 신문기자가 맛볼 수 있는 기쁨에 비길 바 아니다.

어떤 사건의 생생한 모습을 녹음으로 수록한 음향과 더불어 자기가 쓴 기사가 유창한 아나운서의 음성으로 전파를 타고 방송될 때! 그도 거리에서 들을 때 더욱이 평범한 기사이건 특종이건 신문이 나오기 전에 군중과 더불어 나 자신이 들을 때의 기쁨은 참으로 방송기자가 아니고서는 맛볼 수 없는 기쁨일 것이다.

그러나 기쁨이 있는 반면에는 슬픔이 없을 수 없다. 휴전이라는 기형적인 평화 속에 심리작전을 도맡아 보면서 최선봉에서 선 방송이기에 방송이 갖은 엄연한 제약이 있다. 이 제약으로 인해서 때에 따라서는 날카로워야 할 붓끝이 둥그러져야만 할 때 그 서글픔은 참으로 말이 아니다. 이러한 서글픔 속에 잠길 때는 기자가 아니라 주사로 되돌아간 것만 같다.

그럴 때마다 나는 평양으로 신의주로 또는 함흥, 청진 등지로 동분서주하는 그날이 오면 가다듬고 가다듬은 날카로운 붓끝이 더욱 빛날 것으로 자위한다. 평양에서 '본서울중앙방송국 문시형 기자의 보도'라는 기사를 쓸 날이 안타깝게 기다려진다.

「주간방송」 제31호(1958년 9월 28일)에서

제2장 미주

1 김성호·오인환·전환성, 『한국방송인물사연구』, 한국방송학회, 2014년, pp71~73.

2 한국방송공사, 『한국방송사』, 1977년, p144.

3 앞의 책, pp152~155.

4 김성호, 『한국 아나운서 통사』, 나남출판, 2013년, p64.

5 박용규, '일제시기 방송유산과 한국방송의 형성', 『한국방송 80년, 그 역사적 조명』, 나남출판, 2008년, p198.

6 만당, '뉴스방송의 정확성', 『방송』 제3권 제3호, 1957년 3월, pp17~18. 만당은 초대 서울중앙방송국장을 지낸 이혜구의 아호이다.

7 『방송』 제3권 제6호, 1958년 6월, 차례 참조.

8 조한긍, '보도방송의 10년 -방송 10년-', 『방송』 제3권 제8호, 1958년 8월, pp37~39.

9 성인기, '공정하고 충실하게 -보도방송평-', 『방송』 제3권 제11호, 1958년 11월, pp25~27.

10 김인현, '스쿱 또 스쿱의 한 해', 『방송』 제3권 제12호, 1958년 12월, pp10~11.

11 한국방송공사, 『한국방송사』, 1977년, pp160~169.

12 문시형, '방송기자 1호, 해직기자 1호가 된 방송원로 문제안', 『방송 '91』 21, 1991년 2월, pp80~81.

13 문제안, '너는 이 시간부터 방송기자다', 『방송보도 50년』, 한국방송기자클럽, 2003년, p75.

14 이덕근, 『산있고 물있고』, 호서문화사, 1986년.

15 문제안, 앞의 글, pp77~78.

16 유병은이 한국방송사료편찬위원회와 함께 조동훈 대담을 필사본으로 엮은 『방

송인들의 회고』, pp5~6 참조.

17 한국언론재단, 『한국언론인물사전 1883~2009』, 2008년, p1348.

18 노정팔, 『한국방송과 50년』, 나남출판, 1995년, p28.

19 앞의 책, p27.

20 앞의 책, pp27~28.

21 유병은이 한국방송사료편찬위원회와 함께 조동훈 대담을 필사본으로 엮은 『방송인들의 회고』, pp67~68 참조.

22 주간방송 편집부, '조한긍 씨 임명 -춘천방송국장서리', 「주간방송」 27호, 1958년 8월 21일, p2.

23 노정팔, 앞의 책, p262.

24 10월이라는 근거는 현재 사단법인 방우회 회장을 맡고 있는 한영섭(1928년~)의 글 '방송이 좋아 방송기자가 되었다'(『방송보도 50년』, 한국방송기자클럽, 2003년, p84)에 따랐다.

25 주간방송 편집부, 'KA 보도계장엔 김인현 씨', 「주간방송」 제55호, 1961년 1월 29일, p2.

26 노정팔, 앞의 책, p38.

27 공보처방송국, 「직원록」, 1952년 12월 31일, p17.

28 서울방송대는 6·25전쟁 당시 임시수도 부산에 있던 방송국을 서울로 옮겨올 때 기술직을 비롯한 기자, 아나운서, 편성 등 각 직종을 망라하여 구성한 선발대로 대장은 변천수(卞天壽)였다.

29 대한언론인회 편, 『녹취 한국언론사 -한영섭 편-』, 2001년, p421.

30 앞의 책, p421.

31 앞의 책, pp421~444.

32 대한언론인회 편, 『녹취 한국언론사 -조동표 편-』, 2001년, pp367~368.

33 공보처방송국, 「직원록」, 1952년 12월 31일, p10.

34 대한언론인회 편, 『녹취 한국언론사 -한영섭 편-』, 2001년, p423.
    한영섭, '방송이 좋아 방송기자가 되었다', 『방송보도 50년』, 한국방송기자클럽, 2003년, p85.

35 정진석, 『한국언론인물사전 1883~2009』, 한국언론재단, 2008년, p1552.

36 김영철, '꿈은 많아도', 「주간방송」 제55호, 1961년 1월 29일, p5.

37 주간방송 편집부, 'KBS 주사급 인사 이동', 「주간방송」 제68호, 1961년 4월 30
    일, p2.

38 한국방송공사, 『한국방송사』(별책), 1977년, p54.

39 노정팔, 앞의 책, p206.

40 윤태로, '미국통신', 「주간방송」 32호, 1958년 10월 5일, p3.

41 윤민, '외신번역에 종사하면서', 「방송」 제2권 8호, 1957년 8월, pp72~73.

42 주간방송 편집부, '제2방송과 편성계장에 윤태로 씨', 「주간방송」 제55호, 1961
    년 1월 29일, p2.

43 한기욱, '단독 인터뷰를 하면서', 「방송」 제2권 제6호, 1957년 6월, p59.

44 한기욱, '비율빈 5개월간, 우리 독창력 발휘하자', 「주간방송」 제10호, 1958년 5
    월 4일, p2.

45 정진석, 앞의 책, p1505.

46 방송 편집부, 'KA보도계장 방미', 「방송」, 1963년 3월, p48.

47 정진석, 앞의 책, p546.

48 한국방송공사, 『한국방송사』, 1977년, p276.

49 노정팔, 앞의 책, p206.

50 손병호(孫병鎬)의 가운데 함자 '병'이 『한국방송사』(KBS)에는 '炳'으로, 『한국언
    론인물사전』(한국언론재단)에는 '昞'으로 기록되어 있다.

51 한국방송공사, 『한국방송사』, 1977년, p405.

52 한정준(韓廷준)의 이름자 '준'이 『한국방송사』(KBS)에는 '俊'으로, 『한국언론인물
    사전(한국언론재단)』에는 '埈'으로 기록되어 있다. 후자의 '埈'은 『동양방송 20년
    사(중앙일보)』에도 표기되어 있는 것으로 보아 후자가 맞는 것으로 보인다.

53 박중희, '지구를 도는 KBS 전파', 「방송」 제2권 11호, 1957년 11월, pp40~42.

54 정진석, 앞의 책, p605.

55 방송 편집부, '방송인명록', 1958년 8월호, pp96~99.

민간 상업방송 시대의 기자
(1961~1969년)

민간방송의 등장과 보도 분야의 부상

1960년대 한국은 격랑激浪이 몰고 온 격변激變 속에서 도약의 밑거름을 구축한 연대라 할 수 있을 것이다. 정치·사회적으로는 제1공화국의 몰락과 제2공화국의 부침, 그리고 쿠데타로 집권한 군사정권과 3공화국의 등장 등으로 여울목 같은 시대 상황이 연출되었다. 이러한 현상은 사회 곳곳에 불어닥쳤고 매스미디어 계열, 특히 방송 분야에는 큰 회오리바람을 생성하는 계기를 가져왔다.

방송계의 가장 큰 변화는 민간 상업방송의 대거 등장이라고 할 수 있을 것이다. 한국은 국영방송 체제의 경직된 단일방송 환경에서 광고를 경영 기반으로 한 상업방송이 3개씩이나 탄생해 일시에 일 국영一國營 다민영多民營 체제의 방송국가가 되었다. 1961년 12월 서울 문화방송(MBC)의 개국 및 그에 뒤따른 지역방송사의 출현과 함께 1963년 동아일보사가 신문과 방송 겸영 체제로 동아방송국(DBS)을 개국시켰다. 곧바로 그 다음 해 대재벌인 삼성그룹이 방송사 경영에 뛰어들어 동양방송을 창설하였으며, 동양방송은 일시에 AM·TV·FM 매체를 관장하는 미디어그룹으로 급부상하였다. 이러한 방송매체의 급격한 팽창에 뒤늦게나마 KBS도 변신을 시도하였다. 1968년 국영 방송 KBS가 3개 방송국을 '중앙방송국'으로 통합 출범하고 관료 사회에서 보기 드문 '부部' 체제로 개편한 것이다. 그리고 그 다음 해 문화방송이 뒤늦게 텔레비전 방송을 개시하면서 지금과 같은 TV 3국 시대가 열리게 되었다.

한국의 방송계가 이렇게 다매체 다채널 시대를 열어가자 보도방송이 연예오락 장르 못지않게 서서히 부상하는 현상을 보이며 팽창해 가기 시작했다. 따라서 전파매체의 특성인 신속성 및 속보성이 발휘되면서 뉴스의 전달이 인쇄매체를 앞서 나가고 보도부서의 확장도 급속하게 추진되었다.

서울에서 상업 라디오방송으로는 효시인 MBC 문화방송의 사례만 살펴보아도 쉽게 인지할 수 있다. 문화방송은 1961년 12월 개국 직전인 10월에 방송부 산하의 보도과가 신설되었는데, 3년 6개월 후인 1965년 7월 1일 보도부로 승격되었다. 보도부 산하에는 편집과, 정경과, 사회과 등 3개 과로 편제編制되었다.[1] 그러나 이 보도부가 한 달 후에 보도국으로 격상되어 '국局' 체제 시대가 시작되었다. 이러한 변화는 문화방송이 회사 직제 전반을 개편하면서 이루어졌는데, 보도부 밑에 3개 과, 보도국 아래에 3개 부(편집부, 사회부, 정경부 등) 체제로 격상되었다.[2] 초대 국장으로는 MBC 보도 분야의 초석을 구축한 김인현金仁鉉이 임명되었다. 그는 초대 보도과장을 역임한 보도 전문기자 출신 방송인이었다.

문화방송 개국 초기의 뉴스 시간은 '시보 전 뉴스'라 하여 정시 전에 편성되었다. 그 당시 KBS가 시보 후에 뉴스를 내보냈고 기독교방송이 30분에 방송했다. 이러한 발상은 청취자 확보 차원에서 이루어진 고육책일 수도 있다. 시보 5분, 10분, 혹은 20분 전(⟨뉴스의 광장⟩ 같은 와이드 뉴스일 경우)에 방송되었는데, 수용자 입장에서는 차별성 측면에서 좋은 편성으로도 보였다. 그러나 청취율이 높아지면서 정시뉴스제인 시보 후 뉴스 체제로 바뀌었다.

한편 1960년대 한국의 보도방송 역사에서 동아방송의 개국은 획기적인 사건이다. 그 당시 최고의 명성과 지가紙價를 날리던 동아일보가 동아방송의 모체였기 때문이다. 한 예로 ⟨라디오석간⟩(월~금 오후 9시~9시 15분)은 '읽는 신문'에서 '듣는 신문'으로 옮겨 간 방송 뉴스의 첫 시도로 평가되었다. 당시 이 프로그램의 PD였던 이정석李貞錫은 동아방송 뉴스실 30여 명 모두가 이 프로그램을 목표로 정력을

쏟고 있다고 밝히고 있다.[3]

아울러 삼성그룹은 1964년 5월에 '라디오서울(RSB)'을 개국했으며, 그 해 12월에 TV방송인 동양텔레비전방송주식회사(DTV)를 출범시켰다. 그러다 그 다음 해인 1965년 8월 두 회사를 합병시켜 '주식회사 중앙방송(JBS)'으로 명명하고, 소속 라디오 TV매체를 중앙라디오와 중앙텔레비전으로 개편했다.[4] 이러한 삼성그룹의 전략(중앙일보와 함께 중앙매스컴 시대 개막)은 정부 당국의 제어制御로 좌절되었다. 결국 1966년에 동양방송(TBC라디오와 TBC-TV)으로 회사 명칭을 변경하여 회귀시켰다. 이는 KBS 서울중앙방송국과의 혼동을 피하기 위한 것인데, 사명을 변경한 동양방송은 HLCD 서울FM 방송도 인수하여 동양FM으로 바뀌었다. 이러한 우여곡절 속에서 TBC 보도 기능은 급성장하였으며, 부서 또한 보도과에서 보도부로, 다시 보도국으로 격상되었다.

이러한 민간방송의 변화에 국영방송 KBS도 1960년대 후반 들어서 늦게나마 보도 분야를 격상시켜 라디오와 텔레비전 부서와 동일선상에 올려놓았다. 1948년 정부수립 이후 보도부서는 방송과 산하의 '계係' 단위에 머물렀다. 기자들의 소속 부서가 보도계 수준을 벗어나지 못하고 고작 관료적인 색채를 완화하기 위하여 '보도실'로 불린 것이 전부였다. 1968년 7월에야 KBS가 중앙방송국 체제로 개편되면서 '보도부'라는 명칭으로 기자들만의 공동체가 독립된 것이다.

국민영방송 시대가 본격화되는 시그널(1964년 10월 「방송」 신문의 표지)

이러한 큰 사건은 정부의 직제 개편에 따라 공보부가 문화공보부로 확대되면서 이루어졌다. 국영방송 KBS는 기존의 서울중앙방송국과 서울국제방송국, 그리고 서울텔레비전방송국을 통합하여 중앙방송국으로 개편하고 그 아래에 라디오, TV, 보도, 기술, 업무 등 5개부를 두도록 하였다. 보도부 산하에는 보도과와 방송과를 존치시켜 기자와 아나운서들을 수용하였다.

이러한 변화는 민간 상업방송의 시·청취율이 제고되어 영향력이 배가되는 상황에다 경쟁사회로 접어드는 시대적 조류에 따른 조처이다. 그러나 보도부장은 여전히 행정 관료가 임명되는 상황이 연출되었다. 다행히 1971년 방송 전문인 최창봉崔彰鳳이 차관보급으로 격상된 중앙방송국장으로 부임하면서 보도 전문기자 출신 이정석李貞錫을 보도부장에 임명하였다. 산하의 보도과장에는 보도기자 출신의 박상진朴尙震이, 방송과장에는 아나운서 출신 강찬선康贊宣이 초대 실무 과장으로 임명되었다.

1965년 한국의 방송기자는 90명 안팎으로 100명을 채 넘지 못했다. 그 당시 기독교방송(CBS) 염영식廉英植 기자의 글을 보면, KBS가 20명, MBC가 24명, JBS(중앙방송국 라디오, TV)가 25명, CBS가 3명 등이라고 되어 있다.[5] 여기에 동아방송 DBS가 빠져있지만, 그 숫자를 대충 20여 명으로 줄잡아도 총체적으로 한국의 방송기자는 100명이 넘지 않는 상황이라고 할 수 있다.

1966년 3월 말 공보부 방송관리국장으로 취임한 민유동閔有東은 보도방송의 강화를 중점 시책으로 내세우면서 "현재 KBS에는 취재기자 24명, 사진기자 8명이 있는데 인원이 부족하여 한 사람이 2, 3개 부처를 담당하고 있으며 앞으로는 46명 정도로 늘리고 기동취재반을 만들어서 어떤 사고가 발생했을 때 이를 취재하여 신속하게 특집방송을 할 수 있게 하겠다"고 밝혔다.[6] 그러나 관료사회에서 그 실천이란 결코 쉬운 일이 아니다. 부처의 정원을 늘려야 하는데 다른 부처에서 용납할 리 없고 따라서 임시방편으로 기자의 인력을 증강하는 방안으로 임시직들이 양산되기도 했다.

KBS 국영방송의 기자

이 시대 KBS 기자를 체계적으로 정확하게 기록하기는 거의 불가능하다. 우선 기자 공채를 주기적으로 시행하지 않았으며 기자 수급에도 일관성이 결여되어 있었다. 그 당시 KBS는 국영방송 체제로 기자 정원(TO) 확보가 쉽지 않은 데다, 공무원 신분이라 정규직을 확보하는 데도 걸림돌이 많았다. 방송 분량은 늘어나는데 인력 수급은 원활하지 않아 임시방편으로 촉탁직을 뽑거나 추천받아 활용하는 상황이었다. 아울러 방송인들에 대한 '들고남入出'이 체계적으로 기록·보존되지 않아 더욱 어려움이 따른다.

따라서 이 당시 KBS 기자에 대한 기록은 몇 가지 문헌을 참고하여 정리하는 방법밖에는 없을 것 같다. 우선 간헐적으로 발간된 『방송연감』을 참고하고자 한다. 이때 발간된 『KBS 연감』(창간호, 1961년 12월)과 『방송연감 '65』(창간호, 1965년 3월), 『한국방송연감 '66』(1966년 5월), 『한국방송연감 '71』(1970년 12월) 등이 그것이다. 이들 사료 가운데 『한국방송연감 '71』은 1970년대 발행된 것이지만 수록 기간이 1969년 9월부터이기에 참고하려고 한다. 이러한 연감도 매년 발간되지 않았지만, 이 정도의 사료만으로도 방송 역사 연구자로서는 고마울 따름이다.

두 번째로 참고할 문헌은 그 당시 발간되었던 방송 관련 잡지와 신문이다. 저자가 소장하고 있는 「방송」, 「방송문화」 잡지와 「방송」, 「주간방송」 신문이 그것이다. 그러나 이 사료들도 창간과 폐간이 들쭉날쭉한 데다, 인물 기록이 체계적이지 못하고 지나치게 인기인만 다룬 경향이 없지 않다.

셋째로는 『한국방송사』(한국방송공사, 1977년), 『한국방송과 50년』(노정팔, 나남출판, 1995년) 등 방송역사서를 검색하여 참고하려고 한다. 저자 나름대로 노력은 기울이지만 오류 및 누락이 있을 것으로 보인다. 차후에 수정, 보완되기를 희망한다.

1961년 상반기에 정부 인사부처인 국무원사무처에서는 국영방송 KBS 방송요원을 공모하였다. 합격자는 직종별로 방송기자 13명, 아나운서 16명, 기술원 10명 등 총 39명인데, 프로듀서는 공모하지 않은 것으로 나타나 있다. 그 당시 발행되었던 방송전문지 「주간방송」
에 게재된 방송기자 명단을 원문대로 인용하면 다음과 같다.[7]

정기자, 송정기, 전재만, 최춘, 박근주, 김충기, 조남세趙南洗, 박정
식, 남태유南泰裕, 윤천영, 이창열, 이기우, 강윤영 등이다. 이러한 기
록은 『방송연감』에서도 찾아볼 수 있는데, 이들 가운데 조남세는 조
남호趙南浩, 남태유는 남태우南泰祐의 오기誤記이며 여자 기자는 정기자
鄭基慈 1명임을 확인할 수 있다.[8]

이들은 6월 한 달 동안 신입사원으로서 방송 연수를 받았는데, 그
당시 연수 내용과 강사진을 대략 살펴보면 다음과 같다. 방송기사 작
성에는 중앙대학교 최준 교수가, 외신 다루기는 박상진 기자가, 취재
요령은 이덕근 전 편집계장이, 뉴스 편집에 대하여는 김인현 보도실
장이, 시사해설에는 김창순 해설위원이, 내신 통신 다루기는 문제안
초대 기자 등이었다.

이 신입 기자 가운데 이창열, 조남호, 남태우, 윤천영, 박정식, 송
정기 등 6명은 서울중앙방송국으로, 전재만, 박근주, 김충기, 강윤
영, 최춘 등 5명은 서울국제방송국으로, 이기우는 부산방송국 등으
로 발령을 받았다. 그러나 박근주와 최춘은 프로듀서로 전향하여
서울국제방송국 대공과에 근무하였다. 1961년 당시 국장 직무대리로
보임되었던 노정팔盧正八은 이 두 사람이 자신의 휘하에 있었음을 밝
히고 있다.[9]

이 입사자 중에 오랫동안 KBS에서 방송기자로 활동한 이는 극소수에 지나지 않는다. 대체로 격무인 데다 박봉이어서 급료가 많은 민간방송으로 옮기거나 전직하는 사례가 많았다. 이들 가운데 KBS에서 비교적 장기 근속한 이를 들면, 다음의 두세 명 정도의 기자를 거론할 수 있을 것이다.

송정기宋定基는 1961년에 입사하여 10여 년간 기자로 활동하며 정치반 데스크를 맡기도 했는데, 나중에 수신료 징수 분야, 연수원 교수 등으로 재직하다 퇴직하였다.

전재만田在萬은 송정기보다 기자 생활을 더 오래 했는데, 1970년에 발행된 『방송연감』에는 KBS 보도부(부장 장기범)의 정경반장으로 기록되어 있다.[10] 지금의 방송보도 시스템으로 보면 정치부장, 경제부장을 겸임한 자리라고 볼 수 있을 것이다.

이기우李基雨는 연고지인 KBS 부산방송국으로 발령받아 오랫동안 기자 생활을 하면서 보도실장을 맡았는데, 신군부의 등장으로 해직되었다가 복직되어 KBS 부산국 기획심의부장을 거쳐 정년퇴임했다.

윤천영尹天榮, 이창열李昌烈 등은 몇 년 후에 민간방송 개국요원으로 참여하였기에 그 방송사에서 다루도록 하겠다. **강윤영**姜倫永은 서울국제방송국 기자로 몇 년간 근무한 것으로 나타나 있다. **남태우**는 라디오 PD로, **김충기**는 민간방송으로 이적한 후 PR 분야로 진출하였고, **조남호**는 관계官界로 나가 서울특별시 공무원으로 서초구청장 등을 여러 차례 역임했다.

앞에서도 잠시 언급했지만, 이 장章에서의 탐구 범위 기간인 1961년부터 1969년까지 KBS 기자 리스트를 찾아볼 수 있는 문헌은 이 시기에 출간된 『방송연감』이나 방송전문 지지紙誌이다. 물론 부수적인 기록이 딸린 2차적인 자료야 찾을 수 있지만 보도기자 명단을 확인할 수 있는 문헌은 단연 『방송연감』이다. 이 사료들을 심층적으로 분석하여 KBS 기자들을 발취拔取하도록 한다.

먼저 『KBS 연감』(창간호, 1962년)을 탐색하는 작업이다. 이 연감은 1960년 10월 1일부터 1961년 9월 30일 현재까지의 방송 현황(인명록 등)을 수록하여 그 해 12월에 발행하였다. 이 문헌에서 방송기자 명단을 원문대로 전재全載하면 다음과 같다.

- 서울중앙방송국 : 김영철(보도계장), 박상진, 임창성, 김운찬, 신영호, 한정준, 이창규, 이경수, 김기주, 송정기, 윤천영, 이창열, 송형근, 김명진
- 서울국제방송국 : 김충기, 서종화, 조갑동, 최종건

위의 기자들은 대체로 앞에서 다룬 바 있으나 새롭게 보도 분야에 입문한 이름들이 보인다. 그들의 면모를 거론하면 임창성, 김운찬, 김기주, 송형근, 김명진 등이다. 이들 모두 근무연수가 1, 2년 차

로 적혀 있다.

임창성任昌星은 몇 년간 방송기자 생활을 하고 일찍 퇴사한 것으로 보인다. 1965, 66년 『방송연감』의 인명록에서 그의 이름을 찾을 수 없다.

김운찬金雲燦은 1965년 『방송연감』에 '1928년생, 서울공대 화공수료, 경력 6년 차' 등으로 기재되어 있으나 그 다음 해 연감에는 기록이 없다.

김기주金基柱는 KBS 기자로 1년 근무하다 1962년 신생 민방인 MBC 정치부 기자로 스카우트되었다. 그는 MBC에서 갖가지 보직을 맡게 되는데, 보도 분야에서는 보도제작부장, 보도부국장, 주미특파원, 보도국장, 보도이사 등 기자로서 정상의 자리까지 거쳤다. 그는 그 후에도 제주MBC 사장, MBC 감사·전무까지 역임했다. 그는 KBS 재직 시절 5·16쿠데타 발발 당일 박종세 아나운서와 당직 기자로 근무했는데, 2012년 4월 29일 별세했다.[11] 그의 부음란에는 아들 김우재는 미국 하버드대학교 분자생물학과 교수로 되어 있다.

5월 16일 새벽 총소리가 마구 나니까 저희들이 방안에 불을 모두 꺼버렸지요. 보도계에 몰려들어 온 우리들은 제각기 숨었는데 박종세 아나운서는 계장 책상 밑에 들어갔고 나머지 사람들은 어디 숨어있는지 잘 모르겠는데…… 저는 제일 구석에 숨고 걸상으로 가려놓고 있는데 총소리가 한 10초간 멎었어요. 그 사이에 박 아나운서는 텔리타이프실로 들어가고 저도 들어가려고 하는데 총소리가 또 꽝하고 나더군요. 그래서 저는 그 속에도 못 들어갔지요. 그런데 이번에는 경비 전화기가 자꾸 울리더군요. 이것을 받고 싶은데 불도 꺼놨지만 차마 받아 볼 용기가 안 나더군요. 그래서 저도 책상 밑에서 신분증을 빼고 넥타이를 풀어버렸지요. (일동 웃음) 그런데 얼마 후 불이 켜지더니 누가 들어오더군요. 밑으로 신발이 들어오는데 보니까 워커 군화더군요. 그래서 이제 빨갱이는 아니구나 하는 안도감이 생기더군요. 그 사람은 그냥 나가더니 얼마 후 다시 오더니 나오라고 하더군요.

그런데 그날의 혁명군이 어떻게 친절했던지 저는 착각을 일으켰어요. 처음에 헌병들이 왔다가 반란군이 오는 바람에 물러서고 반란군이 왔다가 다시 국군들이 와서 우리 방송국을 지키려 온 걸로 알았어요. 어떻게나 친절한지요. 그래 제가 아마 지금 생각하니까 이석제 대령 같은데 그분한테 이제 다 쫓겨 갔습니까? 이런 얘기를 했어요.(일동 웃음) 어떻게나 친절한지요. 그랬-더니 그분이 껄껄대고 웃더군요.(일동 웃음)

제가 보도계에 얘기한 것이 있어요. 여기는 이제 준비가 다 됐는데 송신소에는 갔느냐 하니까 아직 안 갔다는 거에요. 그러더니 김종필 씨가 뛰어나가서 찝차의 무전으로 연락을 하더니 도착을 했다고 하더군요. …… 그리고 그날 제가 김종필 대령과 이석제 대령과의 인터뷰가 6시 뉴스에 나갔지요.

「주간방송」 제15호(1962년 5월 13일), 제16호(1962년 5월 20일)에서 '쿠데타 발발 당시의 근무자(아나운서, 기자, PD, 엔지니어 등) 좌담회 내용' 인용

송형근宋瀅根은 기자 생활을 언제까지 했는지 확인할 기록이 없으나 1972년 『방송연감』에는 KBS 업무국 업무1과 직원으로 등재되어 있다. 1980년대 들어 서울 시내의 시청료 징수 업무를 관장하는 여러 출장소장을 지냈다.

김명진金明鎭은 1961년 기자로 입사하여 10년 가까이 취재 현장에서 사회부 테스크 등을 맡아가며 근무한 기록이 보인다. 1970년대 들어서 방송국 내의 새마을운동 방송본부, 편성, 업무 등 여러 부서에 근무했다.

다음은 서울국제방송국 기자로 김충기, 서종화, 조갑동, 최종건 등 4명이 등재되어 있는데, 김충기金忠起는 앞에서 언급되었지만, 얼마 후에 동양방송으로 이적하였다.

서종화徐鍾和는 1966년 『방송연감』에도 서울국제방송국 기자로 기록되어 있으나 1971년 연감에는 기획조정실 근무로 등재되어 있다. 한편 그가 1968년 3월 월남 전황 뉴스 취재차 1년간 예정으로 현지

로 떠났다는 기사가 방송전문 잡지에 실렸는데, 이는 월남특파원으로 발령된 것으로 보인다.[12]

조갑동趙甲東은 1966년 연감에는 보이지 않는다. **최종건**崔鍾健은 1966년 연감에는 국제방송국 극동계에 기재되어 있다. 이들은 기자라기보다 특수 언어직 전문가로 활동한 것으로 보인다.

다음으로 출간된 『방송연감』은 한국방송사업협회에서 펴낸 『방송연감 '65 창간호』이다. 1963년, 64년에는 『방송연감』이 발행되지 않아 방송인들의 동정을 파악할 수 없었는데, 『방송연감 '65 창간호』에는 1964년 1월 1일부터 12월 31일 현재까지의 현황을 수록하여 1965년 3월에 발행되었다. 여기에는 KBS의 3개 방송국 기자들의 리스트가 들어 있는데, 발췌하여 원문대로 정리하면 다음과 같다.

- 서울중앙방송국 : 박상진(보도실장), 이경수, 신영호, 송정기, 김운찬, 송형근, 곽노환, 김명진, 최석진, 최이자, 박성열, 주창순, 김귀영
- 서울국제방송국 : 황태수(보도계장), 서종화, 강윤영, 노영대, 김경호, 김창식, 전재만
- 서울텔레비전방송국 : 편성과 소속 김철년(보도계장), 최한영, 홍삼용, 정인걸, 김광소, 권유철, 이호영

위에 보이는 서울중앙방송국 기자들은 대부분 앞에서 다루었는데, 최석진부터 김귀영까지 5명은 처음으로 등장하는 인명이다.

최석진崔錫鎭은 1934년생으로 서울대학교 사범대학 영문과를 졸업하고 방송 근무연수는 3년으로 기록되어 있다. 그 다음 해『방송연감』에도 그는 보도실 근무로 등재되어 있으나 1971년 연감에는 나타나 있지 않다.

최이자崔利子는 1941년생, 이화여자대학교 졸업, 근무연수 1년으로 기록되어 있으나 그 다음 해 발간된 1966년『방송연감』에는 기록이 없는 것으로 미루어 사직한 것으로 보인다.

박성열朴聖烈은 1937년생으로 부산대학교 영문학과 졸업, 근무연수 1년으로 기록되어 있는데, 1971년 연감에는 등재되어 있지 않다.

주창순朱昌淳은 1935년생으로 서울대학교 법과대학 졸업, 근무연수 7년으로 기록되어 있으나, 최이자와 마찬가지로 그 다음 해 인명록에는 없다.

김귀영金貴永은 1940년생으로 서울대학교 문리대 외교학과를 졸업하고 근무연수 3년으로 기록되어 있으나 1971년『방송연감』에서는 찾을 수 없다. 이들은 대체로 짧은 기간 보도실에 근무하고 이직한 것으로 보인다.

서울국제방송국은 **황태수**黃泰秀가 보도계장으로 기록되어 있으나 다른『방송연감』이나『한국언론인물사전』에서 그를 찾아볼 수 없다.

1961년 12월에 개국된 서울텔레비전방송국 야경(지금도 남산입구 대한적십자사 위편에 원형 그대로 남아 있다)

그 다음으로 서종화, 전재만은 앞에서 기술했으며, **강윤영**姜倫永은 전재만과 1961년 함께 입사했다.

노영대盧永台는 『한국언론인물사전』(한국언론재단, 2008년)에 의하면 1962년부터 1970년까지 KBS 정치부 기자로 근무하다가 문화공보부로 진입하여 지역과장, 섭외과장 등을 거쳐 한국방송협회 사무처장을 역임한 것으로 되어 있다.

김경호金景皓는 1937년생으로 고려대학원, 근무연수 3년 차로 기록되어 있으며, 그 다음 해 1966년 『방송연감』에서는 찾아볼 수 없다.

김창식金昌植은 1936년생으로 동국대학교 영문학과 졸업, 근무연수는 3년 차로 기록되어 있는데, 역시 다음 해『방송연감』에는 등재되어 있지 않다.

서울텔레비전방송국은 보도계가 편성과 소속으로 되어 있다. 보도계장 김철년 밑의 보도계원들은 편성과 PD들과 뒤섞여 있어 선별하기가 쉽지 않다. 그러나 저자의 안목으로 짚어보면 이창원, 김철린, 최한영, 홍삼용, 정인걸, 김광소, 권유철, 이호영, 김하규 등으로 보인다.

김철년金轍年은 공보부의 행정 사무관 직급으로 보도계장 보직을 맡았다. 그는 공보부 서기관 시절 전주·춘천방송국장 등을 지내고 1973년 KBS가 공사화되자 전주방송국장, 연수원 교수 등을 지내고 정년퇴임했다.

이창원李昌瑗은 공보부 중앙공보관에 근무하다 KBS로 발령받아 1967년부터 기자로 활동하였다. 이후 중앙방송국 보도부서 편집부에서 활동하다 영화부 차장과 연수원 교수 등을 지내고 정년퇴임했다.

김철린金哲麟은 1961년 KBS-TV 개국준비요원으로 입사하여 그 다음 해부터 KBS 기자로 활동하다가 1968년 동양방송으로 옮겨 편집제작부 차장, 사회부 차장 등을 지냈다. 1980년 언론통폐합으로 KBS로 복귀하여 수도권부 차장 시절인 1981년 교통부 공보관으로 발탁되었다.

최한영崔翰寧은 1935년생으로 고려대학교 법학과 출신으로 기재되어 있는데, 그 다음 해 『방송연감』 등 다른 문헌에서는 찾을 수 없다. 홍삼용, 정인걸, 권유철, 김광소, 이호영, 김하규 등은 카메라 촬영 기자로 입사한 것으로 보인다.

홍삼용洪三龍은 KBS에서 오랫동안 기자 생활을 하며 경제부장, 체육부장 등을 거쳐 방송심의위원으로 근무하다 퇴임했다.

정인걸鄭仁傑은 1962년 KBS에 입사하여 카메라 취재기자로 차장, 부장, 부국장, 촬영 총감독 등을 거친 이 분야의 선두주자였으며, 영상제작국이 신설되자 국장을 역임하기도 했다.

권유철權裕徹은 제작지원 부서로 전출되어 제작지원부 차장, 부장 등을 지냈으며 후에 촬영부장, 제작위원 등을 거쳐 정년퇴임했다.

김광소金光昭, 이호영李鎬榮, 김하규金夏圭 등은 그 다음 해 발간된 『방송연감』 등 다른 방송 관련 문헌에서도 검색되지 않았다.

다음으로 1966년 5월 1일 발행된 『한국방송연감 '66』에는 1965년 1월 1일부터 12월 31일 현재까지의 방송 현황이 수록되어 있는데, KBS 3개 방송국의 직원 명부에서 기자 명단을 원문대로 정리하면 다음과 같다.

■ 서울중앙방송국 : 박상진(보도실장), 이경수, 신영호,
　송정기, 곽노환, 송형근, 김명친, 최석진, 박성열, 김학영,

이인기, 김경해, 이병훈, 이귀영

- 서울국제방송국 : 서종화, 강윤영, 엄영대, 이인기, 이경남
- 서울텔레비전방송국 : 편성과 소속 김철년(보도계장), 전희령, 김성수, 이창원, 전재만, 김철린, 정인걸, 홍삼용, 박민양, 이호영, 임창학, 조병욱, 김하규 신정호, 박성범

서울중앙방송국에서는 곽노환, 김학영, 이인기, 김경해, 이병훈, 이귀영 등이 새롭게 보인다. 이들의 활약을 개략적으로 기술하면 다음과 같다.

곽노환郭魯環은 KBS에 입사하여 5년여간 기자로 근무하다 1966년 MBC로 이적하였다. 그는 MBC에서 월남전선 취재 등으로 활동하다 외신부장을 거쳐 편집부국장 시절 〈뉴스의 광장〉, 〈뉴스테스크〉 앵커로 크게 활약하였다. 그 후에 해설위원, 삼척MBC 사장 등을 역임하였다.

김학영金學永은 기자 생활을 오래 한 후 경영 관리자로 활약하였다. 그는 보도국 정경부 차장, 전국뉴스부장, 사회문화부장 겸 부국장, 9시 앵커 겸 부국장, 해설위원, 방송위원을 거쳐 춘천방송국·광주방송국 국장 등을 지내다 임원으로 승격되어 관리본부장, 시청자본부장 등을 역임한 후, KBS 자회사(시설관리사업단·문화사업단) 사장 등을 지내기도 했다.

이인기李仁基는 한화일보 기자를 거쳐 1965년 KBS 보도부서로 이적하여 1972년 전국뉴스부장을 2년간 역임하였다. 1990년대 한국방송기자클럽이 창설되자 이사, 부회장 등을 맡기도 했다.

김경해金景海는 1965년 외신부 기자로 입사하여 그 다음 해 MBC로 이적하여 외신부장, 제2사회부장 등을 거쳐 주미특파원을 지낸 후 관계로 진출하여 해외공보관으로 오래 활동했다.

이병훈李柄薰은 정치부 기자를 거쳐 한국연합광고로 이적하여 기획부장 등을 지낸 후 언론중재위원회 심의실·조사연구실·기획실 실장 등을 거쳐 언론중재위원회 부위원장을 역임했다.

김귀영金貴泳에 대하여는 앞에서 『방송연감 '65 창간호』를 인용하여 "1940년생으로 서울대학교 문리대 외교학과를 졸업, 근무연수 3년으로 기록되어 있다"고 기술한 바 있는데, 본 『한국방송연감 '66』에서는 이름 끝 자가 '영泳'으로 표기되어 있으며 근무연수도 2년으로 한 해 낮게 기록되어[13] 본 기록의 신뢰도에 문제가 있어 보인다.

충남 청양 구봉 광산 광부 매몰 사건 -노정팔의 저술에서

방송은 지하에 매몰되어 있는 광부의 생명을 구하는 일에 발 벗고 나선 일이 있었다. 1967년 8월 22일 충청남도 청양군의 구봉 광산에서 갱이 무너져 광부가 매몰되고 말았다. 이 소식은 인근에 있던 홍성 중계소에서 전화로 중앙방송국 보도실에 알려 왔다. 보도실은 이 소식을 듣고 그냥 있을 수 없는 데다 방송이 한 몫해야 한다고 생각한 수뇌부는 기자를 현지에 급파했다. 마침 매몰된 광부의 생존이 확인되어 구출 작전이 시작된 후부터 이 보도를 들은 전 국민의 관심은 온통 청양의 구봉 광산에 집중되었다. 얼마 후 KBS뿐만 아니라 다른 방송사와 신문사에서도 기자들이 파견되어와 구출 작전 상황을 수시로 보도하였다.

1주일이 지난 8월 29일 밤 8시 30분쯤 구출작전을 취재하던 KBS의 김학영 기자는 갱 속에 갇혀 있는 광부 양찬선 씨와 단독으로 대화를 나누는 데 성공하였다. 광부는 공기구멍 파이프를 통해서 간절한 부탁을 했다. "나는 살아 있습니다. 물 몇 방울씩 흘러내리는 것을 받아먹고 연명하고 있습니다. 며칠을 더 견딜 수 있으니 어서 빨리 구해 주십시오"라는 가냘프고도 꺼져가는 듯한 목소리로 읍소해 왔다. 김 기자는 이 녹음을 서울로 보내 곧 전파를 타고 전국으로 퍼져 나갔다. 애절한 광부의 음성을 들은 전 국민들은 캄캄한 굴속에 갇혀 있는 이 사람을 빨리 구출해 내라고 목소리를 높였다. 박 대통령도 민정 비서관을 현지에 보내 구조작업을 도왔고 광산 측은 물 끓듯 하는 높은 여론에 더욱 힘을 쏟았다.

이렇게 되자 모든 언론이 이 구출작전에 집중되었고 전 국민의 귀와 눈도 여기로 쏠렸다. KBS에서는 취재팀을 더욱 보강해 나형수羅亨洙 기자, 양충梁充, 최규락崔圭洛 아나운서를 파견하여 수시로 인명구조작전의 진전 상황을 중계 방송하였다. 여러 날 계속되다 보니 구조에 나선 사람들이나 이를 취재하는 기자들 모두

지쳐 있었다. 그러던 어느 날 정확히 매몰된 지 열엿새가 되던 날 9월 6일 드디어 양창선 씨는 구출 작업반에 의해 지상으로 나올 수 있었다. 열엿새나 갇혀 있어 피골이 상접한 양창선 씨는 갑자기 보는 햇빛에 눈이 부시어 얼굴을 가린 채 구조반에 업혀 나왔다.

최규락 아나운서는 흥분한 어조로 이 기적 같은 얘기를 하나도 빠짐없이 낱낱이 실황을 중계했고 이 방송을 들은 국민들도 모두 탄성을 지르며 좋아서 어쩔 줄을 몰랐다. 이것은 뭐니뭐니해도 방송이 인명을 구제한 케이스로 오래오래 기록에 남을 것이다. 그런데 이 사건 취재의 이면에는 또 말 못할 안타까운 사연이 숨어있었다. 8월 30일 오후 현지에서 취재 중이던 김학영 기자에게 본사에서 급한 전화가 걸려 왔다. 내용인즉 아버지가 위독하니 빨리 고향에 가 보라는 전갈이었다. 구조차 나왔던 미군 헬기에 편승해 평택 고향집으로 쉽게 갈 수 있었다. 그러나 이 일을 어찌하랴. 집에 도착했을 때는 이미 대문 밖에까지 곡성이 들려왔다. 아버지 임종도 보지 못한 불효 자식이 된 것이다. 그는 아버지의 시신을 붙들고 통곡했다. 남의 인명을 구하느라 동분서주하다 그만 마지막 가시는 아버지에게는 물 한 모금 드릴 수 없었던 것이다. "이 불효자를 마음껏 꾸짖어 주십시오"하고 한없이 울부짖었다. 양창선 씨 구출에 모든 국민이 기뻐 어쩔 줄 모르는데 그것을 취재하던 김 기자는 자꾸 슬픔이 복받쳐 눈물을 가눌 줄 몰랐다. 그래서 일희일비라는 말이 있는지도 모른다.

『한국방송과 50년』, 나남출판, 1995년, pp551~553

서울국제방송국의 기자는 앞에서 예시한 작년의 수준과 비슷하다. 다만 노영대가 엄영대로 잘못 표기되어 있으며, 이인기는 이중으로 기록되어 있다.

이경남李慶南이 1939년생, 이화여자대학교 졸업, 근무연수 3년 2개월로 되어 있어 다른 부서에서 전입된 것으로 보인다.

서울텔레비전방송국은 앞에서 다룬 김철년(보도계장), 이창원, 전재만, 김철린, 정인걸, 홍삼용 이외에도 전희령, 김성수, 박민양, 임창학, 조병욱, 김하규, 신정호, 박성범 등이 새롭게 등장하였다.

전희령全熙玲은 1936년생으로 국학대학 졸업으로 기록되어 있으며, 『한국방송연감 '71』 인명록에서는 보이나 그 다음 해에는 나타나 있지 않다.

김성수金成守는 1933년생, 부산대학교 출신으로 표기되어 있다. 그에 대한 어떤 기록(1968년 4월호로 발간된 방송전문 잡지 「방송문화」 '동정動靜')에는 "KBS-TV 보도실 사회부장으로 뉴스 취재차 일본으로 떠났다"고 소개되어 있다.[14] 그러나 더 이상 그에 관한 기록은 찾지 못했다. **박민양**은 1940년 중앙대학교로, **임창학**은 1932년 중앙대학교로, **조병욱**은 1935년 연세대학교로, **김하규**는 1939년 조선대학교로 각각 기록되어 있다. 이들에 대하여는 다른 『방송연감』이나 『한국언론인물사전』에서도 찾아볼 수 없다.

신정호申禎浩는 1964년 KBS-TV에 입사하여 그 다음 해부터 보도부서에서 기자, 사회문화부 차장, 부장서리, 편집부장, 지방부장 등을 거쳐 퇴임한 후 개인 사업에 열중한 것으로 나타나 있다.

박성범朴成範은 1964년 KBS 보도 분야에 입사하여 사회부·정치부 차장, 워싱턴특파원, 외신부장, 경제부장, 부국장, 파리특파원 겸 유럽총국장, 해설위원장, 보도본부 부본부장 겸 9시뉴스 앵커 등으로 활약하였다. 그 후 보도본부장, 특임본부장, 방송총본부장 등을 거쳐 정계로 진출하여 15, 17대 국회의원을 역임했다. 9시뉴스 여성 앵커로 함께 방송했던 신은경과의 결혼으로 화제를 남기기도 했다.

이렇게 1966년 『방송연감』에 기록된 순서에 따라 박성범을 마지막으로 기술하면서 저자는 관련 사료의 부족을 크게 절감하였다. 특히 1966년 1월부터 1969년 8월까지는 『방송연감』 발행이 단절된 기간이었기 때문이다. 1968년 3월부터 방송 전문잡지 「방송문화」가 창간되기는 했지만, 기자들의 인명록이 기록된 기획 사료보다는 기자들의 동정 소식 등이 주류를 이루었다. 예를 들면 앞에서 거론한 김성수의 동정 기사의 위와 아래에 KBS 기자에 관련한 문건이 보인다. 위의 기사는 유병희柳炳熙 KBS-TV 보도실장의 동정으로 미국 RTNDA(라디오 TV 보도부장 연맹)에 가입했다는 내용이고, 아래로는 김용균金容均 KBS-TV 보도실 기자의 부친 회갑 소식이다. 유병희는 공보부 사무관 직급의 보직으로 텔레비전 보도계장을 맡았던 시기이고, 김용균은 평기자 신분인 것으로 파악될 뿐이다. 따라서 이 시기의 방송인(기자)을 검색하여 체계적으로 기록한다는 것은 난해한 작업이라고 할 수 있다. 더욱 국영방송 KBS의 기자를 정리하는 작업은 오류誤謬라는 폭탄을 짊어진 것과 다르지 않다. 민간방송에서는 사사社史라도 발행되었지만 KBS가 기댈 사료는 『한국방송연감 '71』뿐이다. 이 연감은 1965년 발행 이후 단절되었다가 1969년 9월부터 1970년 8월까지의 상황을 묶어 1970년 12월 1일에 펴낸 사료이다. 어쩔 도리없이 이 사료를 근간으로 2차 문헌도 참고하여 기자 리스트를 정리하도록 한다. 우선 『한국방송연감 '71』에 실려 있는 중앙방송 KBS 보도부 인명록을 한글로 바꿔 원문 순서대로 옮겨 적어보면 다음과 같다.

- 보도부장 장기범, 차장 최학수, 특집반장 김도진, 외신반장 이성한, 사회반장 이범진, 특집반장 박진우, 촬영반장 이창원

- 김관수, 윤병덕, 김복영, 이규엽, 박세호, 김경호, 전희령, 윤병태, 임채헌, 정인걸, 이대섭, 함민부, 김광남, 박춘병, 강명수, 문동휘, 박민웅, 김두석, 이명환, 임정의, 정종표, 송행복, 유동수, 신정호, 유민원, 서복석, 이상갑, 전준모, 최정광, 이휘, 이태행, 이석희, 배학철, 장만복, 이인기, 김상수, 김하규, 김문자, 전병채, 서영명, 김관, 이중우,

이윤성, 공정표, 호천웅, 김건, 이홍기, 전정치, 김기준,
김영희, 심진아, 김자규, 임용균, 김화남, 박성범, 김근복,
홍삼용, 윤한중, 임연택, 나경수, 황규환, 권용중, 이길영,
김정호, 안현태, 김학영, 민광성

보도부장 **장기범**張基範은 한 시대를 풍미했던 명 아나운서 출신으로, 1970년 9월 25일 부산방송국장 보직에서 본사 보도부장으로 발령받았다. 저자는 장기범의 평전을 저술한 연구자로서 잠깐 부연하려고 한다. 그의 방송 생애 가운데 이 시절의 한 단면을 저자는 이렇게 기록으로 남긴 바 있다.[15]

그는 비록 기자 출신은 아니지만 그 당시 상황을 미루어 볼 때 그만큼 보도사령탑으로 적합한 인물도 드물었다. 그는 절대로 권력 지향적이거나 정치판을 넘보는 방송인이 아니었다. 장기범처럼 권력과 정치에 초연한 방송인도 흔치 않았다. 국영방송이기 때문에 보도 관점에 한계는 있었겠지만, 그는 스스로 앞장서서 권력과 결탁하여 편파·왜곡방송을 지시하거나 정권 편에 서지 않았다. 그는 온당치 않은 권력기관의 지시를 거부했고 특히 국영방송의 보도를 정권의 입맛에 맞게 '미리 알아서' 처리하지 않

았다. 그에게 출세나 권세는 인간과 방송만큼 중요한 것이 아니었기 때문이다.

여기에서 1969, 70년경 KBS 보도 상황을 두 가지만 거론하고자 한다. 하나는 보도 프로그램의 강화이다. 1969년 4월 이후 아침 7시대에 아침 종합뉴스를 내보내고 그 다음 다음 해에 〈뉴스와 화제〉를 신설했다. 중견급 기자가 앵커로 진행을 맡아 주요 뉴스는 물론 뉴스에 얽혀 있는 이면까지도 샅샅이 파헤쳐 주는 심층 뉴스 프로그램이 등장했다.[16] 다른 또 하나는 보도부의 직제 개편에 따른 위상 강화와 독립이다. 1968년 보도부 아래에 보도과, 방송과, 국제과 등이 존치했는데 1970년 들어서는 보도부장 산하에 차장을 두고 그 아래 정치반, 경제반, 사회반, 문화반, 편집반, 전국뉴스반, 보도제작반, 카메라반, 외신반, 자료반 등 10개 반을 두었다. 그리고 방송과가 보도부에서 벗어나 국장 직속으로 편성되면서 아나운서실로 바뀌었으며, 얼마 후에 국제과가 라디오부로 이관되어 보도부는 오직 국내외 뉴스 업무만을 맡게 되었다.[17]

이러한 시대적 상황을 인식하면서 기록상 불모지나 다름없는 1966년부터 1969년까지의 기자 인명록을 복원해 보고자 한다. 이러한 작업에는 각종 관련 문헌들을 검색하여 인용하는 등 갖가지 방법이 동원되어야 할 것이며, 그러한 측면에서 앞에서 제시한 『한국방송연감 '71』은 큰 사료가 될 것이다.

최학수崔學秀는 보도부 차장으로 기재되어 있는데, 그는 군 출신으로서 특채된 것으로 알려져 있다. 그러나 그 다음 해인 1972년 『방송연감』에서는 그의 이름을 찾을 수 없다.

김도진金道鎭은 『한국언론인물사전』에 의하면 1965년 문화공보부에 들어와 1967년 보도 분야로 진입하여 특집반장 등 보도부서 내의 데스크를 거쳐 워싱턴지사장, 보도국장 등을 지낸 후 교육방송국장, 연수원장, 종합조정실장, 경영본부장, TV본부장 등을 역임했다. KBS에서 퇴임한 후에는 방송위원회 사무총장 등을 지냈으며, 1940년생으로 2010년 10월 별세했다.

이범진李範鎭은 위의 기록에 사회부 반장으로, 1972년 연감에는 사회문화부장으로 기록되어 있으나 1973년 연감에는 이름이 보이지 않는다.

박진우朴震雨는 1961년 대구방송국 기자로 출발하여 1966년 서울본사로 전출되었는데, 위의 연감에는 특집반장으로 등재되어 있다. 그는 전국부장, 편집부장 등을 거쳐 포항방송국장을 비롯해 제주·대구·대전 국장 등을 지내고 관재국장, 시설관리사업단 이사 등을 역임했다.

위의 연감에 정경반장과 촬영반장으로 기록되어 있는 전재만과 이창원 등은 앞에서 다루었다.

이 연구 작업에서 가능한 한 연도별로 입사 순서에 따라 기술하는 것이 순리라 판단되어 시도는 해 보지만 명확한 사료가 없어 용이하지가 않다. 저자는 지난 몇 년간 한국방송학회에서 의뢰한『한국방송인물사연구』집필을 하며 오인환(전 연세대학교 신방과)·전환성(전 청주대학교 신방과) 두 교수가 추진한 2부「한국방송학계인물사」연구에서 방송학 관련 초창기 자료의 필요성 때문에 1960년대 신문방송학과 재학생을 섭외하고 그로부터 학적증명서를 발부받도록 부탁하여 추적하는 상황을 지켜본 적이 있다. 그러나 기자 작업에서는 그러한 과정을 거칠 수 있는 상황도 아니기에 기존의 기록물을 최대한 활용하는 방향에서 추진하려고 한다.

먼저, 1966년 초에 공보부에서 시행한 방송직(아나운서) 공채에서 소정의 연수를 마친 후 합격자 중 일부를 곧바로 기자로 전직시켜 활용한 기록이 보인다. 이석희, 박세호, 김근복, 심재일, 이내일 등이 그들이며 동기생 가운데 정회준은 나중에 기자로 전직했다.[18]

이석희李晳熙는 아나운서 연수를 마친 후 곧바로 기자로 전직되었다. 그는 정치부 기자로 청와대에 출입했으며 정치부 차장, 정치부장, 해설위원, 기획조정실장, 비서실장, 보도국장, 국제방송국장, 방송심의실장, 조직관리국장 등을 거쳤다. 명예퇴직 후에 한국방송개발원에서 인력개발실장, 방송 정책연구실장 등을 지냈다.

김근복金槿福은 TV 아나운서로 입사하여 연수를 마친 후 보도국

기자로 발령받았다. 그는 그 후 외신부장, 문화과학부장, 해설위원, 연수실장 등을 거쳐 나중에 KBS 미주한국방송(KTE) 전무이사를 지내기도 하였다.

박세호朴世鎬는 기자로 전직되어 주로 스포츠 분야에서 활동하였다. 그는 스포츠 방송 분야에서 다방면으로 활동했는데, 스포츠 국장 시절에 아시안게임 및 서울올림픽 등을 성공적으로 개최하는데 크게 기여하였다. 1990년 서울방송이 개국하자 스카우트되어 스포츠국장, 이사대우 스포츠본부장 등을 지내기도 했다.

이내일李來日은 첫 근무지인 대구방송국으로 발령을 받아 오랫동안 기자로 활동하였다. 대구국에서 보도국장을 지낸 후에 본사로 전출되어 원주방송국장, 방송심의위원 등을 지낸 뒤 퇴임하였다.

심재일沈載一은 초임지인 대구방송국에서 본사로 올라오면서 보도국 기자로 발령받았다. 그는 보도국 사회부 기자로 활동하면서 출입처를 김포공항으로 배정받아 오랫동안 전담하였다. 이후 라디오편집부장, 수도권부장 등을 역임하였다.

정회준鄭會駿은 부산방송국을 거쳐 서울중앙방송국 아나운서로 활동하다 스포츠 기자로 전직하였다. 그는 보도본부 스포츠국에서 차장, 부장을 거쳐 제작국장을 지내는 등 스포츠 방송 발전에 크게 기여했다. 보도본부를 떠난 후에는 홍보실장을 거쳐 울산방송국장 등을 지내기도 했다.

위의 연감의 명단에서 보이는 이길영, 임연택, 나형수(위의 연감에는 '나경수'로 표기되어 있는데 오류로 보인다) 등은 『한국언론인물사전』(한국언론재단, 2008년)을 보면, 1966년 입사한 것으로 나타나 있으며 배학철은 1967년, 황규환은 입사 연도 표시가 없고 전병채는 1965년, 김자규는 1967년으로 기록되어 있다.

이길영李吉永은 1966년에 입사하여 경제부 차장, 경제특집부장, 주미특파원 겸 LA지국장, 대구총국장, 보도본부 부본부장, 본부장, KBS문화사업단 사장, TBC 대구방송 사장 등을 역임했다. 2008년경 KBS 감사로 선임되어 활동하다가 KBS 이사로 변신하여 이사장을 지냈는데, 길환영과 조대현 사장의 교체기에 여러 사건으로 물러났다.

임연택林連澤은 1966년 입사하여 기자로 활동하다가 1980년 신군부에 의해 해직되었다. 1989년경 복직되어 라디오편집부 부국장, 취재주간, 통일문제연구소장, 해설위원, 방송심의실 심의위원, 광주총국장, 보도국 전문기자 등을 지내고 정년퇴임했다. 후에 KBS아트비전 감사를 역임했다.

나형수羅亨洙는 1966년에 입사하여 경제부 차장, 뉴스파노라마 담당부장, 취재부국장, 방송자료 실장, 방송운용국 부국장, 해설위원, 보도국 국장대우 부국장, 미주총국장, 보도제작국장, 해설위원 실장 등을 거쳐 한동안 KBS의 〈추적60분〉과 〈심야토론〉 등을 진행하기도 했다. 퇴직 후 KBS 제작단 사장, 방송위원회 사무총장 등을 역임했다.

배학철襄學哲은 1967년에 입사한 것으로 되어 있다. 특집부·사회부·편집부 부장 등 여러 부서 현업 부장을 거쳐 보도국 부국장, 춘천총국장, 보도본부장, 미주한국방송사장 등을 역임하고 KBS를 떠났다. 후에 한국방송개발원 상임이사, TBC 대구방송 부회장, 사장 등을 지냈다.

황규환黃圭煥은 『한국언론인물사전』(한국언론재단, 2008년)에 의하면 KBS 보도국 기자, 보도국 차장, 대전방송국 보도과장, 부장 등의 경력이 1977년까지로 되어 있어 위의 기자들처럼 입사 연도가 표기되어 있지 않다. 그 후 안동국장, 보도관리부장, 뉴스센터 부주간, 심의위원, 기획조정실장, 대전·광주 총국장, 방송연구원장, 심의위원, 기획조정실장, 라디오본부장 등을 역임했다. 퇴임 후 아리랑TV 사장, 경인방송 회장, 한국디지털위성방송 사장 등을 지냈다.

이성한李聖漢은 KBS에 1967년부터 1974년까지 근무한 것으로 『한국언론인물사전』에 나타나 있는데, 위의 연감 기록에는 외신반장을 지낸 것으로 등재되어 있다. 그 후에는 한국일보 토론토 지사, 코리아포스트, 국제방송교류재단 등에 근무한 것으로 보인다.

권용중權龍重은 기자로 활약하면서 부장 직위까지 올라갔다가 해직되어 1982년 올림픽조직위원회 국장, 국민체육진흥공단 국장 등을 지낸 것으로 언론인물사전에 기록되어 있다.

전병채全炳采는 『한국언론인물사전』에 'KBS-TV 보도실 기자(65 11-89)'로 표기되어 있다. 외신부, 국제부, 해외뉴스 차장, 부장 등을 거쳐 올림픽방송본부 편의업무·예약운영부장, 사회부장, 방송심의위원, 노무주간, 대전·전주총국장 등을 거쳤다. 후에 보도본부장, KBS미디어 사장 등을 역임했다.

김자규金子奎는 KBS 기자로 1967년부터 1978년까지 활동한 것으로 나와 있다. 그 후 한 건설회사의 사우디아라비아주재 지사장으로 1986년까지 근무하다가, 다시 KBS로 복귀하여 올림픽방송 홍보부장, 국제협력실 홍보위원, 라디오센터 전문위원 등을 지냈다. 2차 자료로 크게 도움을 준 노정팔의 저서에는 그가 아나운서 경력이 있으며 1966년에 KBS에 입사한 것으로 나와 있다.[19]

이대섭李大燮 1968년에 입사하여 1980년대 들어 TV편집부장, 편집실장, TV편집부국장, 청주총국장, TV편집주간, 보도국장 등을 지내고 퇴직했다. 그 후에 YTN으로 옮겨 보도국장, 상무이사, 고문 등을 역임했다.

김두석金斗錫은 『한국언론인물사전』에 1968년 정경부, 사회부 기자로 활동한 것으로 되어 있다. 1980년 TV수도권부 차장, TV뉴스 앵커, 문화과학담당부장, 해설위원 겸 라디오뉴스 앵커, 스포츠취재부장, 보도국 주간, 창원총국장 등을 지냈다. 1969년 아나운서로 입사한 것으로 나타나 있는 문헌도 있다.

1968년 7월 KBS는 서울중앙방송국, 서울국제방송국, 서울텔레비전방송국 등 3국을 통합하여 '중앙방송국'으로 출범시키고 얼마 후에 보도 취재기자의 선발에 들어갔다. 그 해 10월 공채로 보도부에 기자로 입문한 이는 김상수, 박민웅, 유민원, 윤한중, 이상갑, 이휘, 전준모, 정종표, 최정광(가나다순) 등이다. 이들은 6개월가량 연수 교육을 마치고 1969년 3월 현업 부서에 투입되었다.

김상수金常秀는 기자로 활동하다 1980년대 들어 수도권 부장, 라디오 부주간, 문화과학부장, 방송위원, TV편집주간, 강릉국장, 대전총국장, 국제방송국장 등을 역임하고 정년퇴임했다.

박민웅朴敏雄은 다른 이와 달리 상대적으로 그에 관한 기록이 보이지 않는다. 1973년 『방송연감』에 33세, 근무연수 4년 차로 나와 있어 대략 1940년생 정도로 추정되며 통일부장 등을 거쳐 방송연수원 교수 등을 지냈다.

유민원柳敏元은 현장 기자로 활동하다 1980년대 춘천뉴스센터 부장을 시작으로 지방부장, 편집부장, 라디오제작부장, 전국부장, 사회1부장 등을 거쳐 강릉국장 등을 지냈다. 그 후에 노무국장, 시설관리사업단 이사, 심의위원 등을 역임하고 정년퇴임했다. 현재 한국언론인협회 사무총장을 맡고 있다.

윤한중尹漢重은 1980년 보도본부 정치부 차장을 시작으로, 대전뉴스센터 부장, 사회부장, 라디오담당주간, 충주국장, 비서실장, 보도제작국장, 부산총국장, 해설위원, 북경지국장 등을 역임하고 퇴임했다. 2006년 7월 별세했다.

이상갑李相甲은 사회부, 정경부, TV편집부 등 기자를 거쳐 사회부·정치부 차장, 정치부·경제부·과학부 부장, 부국장 겸 외신부장, 국제주간 등의 보직을 지내다 3년여의 해설위원을 끝으로 정년퇴임했다. 성균관대학교에서 언론학 박사학위를 받았다.

이휘李輝는『한국언론인물사전』에 'KBS 공채 2기(68)'로 되어 있기도 하다. 광주방송국, 사회부 등에서 기자로 활동하다가 1978년 한국기자협회 KBS분회장을 맡기도 했으며 1980년 해직되었다. 그 후 1985년 KBS 사업단 차장으로 복직되어 사업부장을 지낸 후 보도국으로 넘어와 지방부·수도권부·통일부 부장, 목포국장, 보도위원 등을 역임했다.

전준모田俊模는 기자로 활동하다 1980년 해직되었다가 1985년 9월 복직되어 국제방송국 전문위원 겸 MC, 기획조정실 기획부장, 보도본부 지방부장, 충주국장, 방송연수원 교수, 편성실 사업주간, 홍보실장, 방송연수원장, 정책기획실장, 방송문화연구원장 등을 거친 후에 KBS 감사를 역임했다. 감사 재임 시에는 한국감사협의회 초대회장을 지냈다.

정종표鄭鍾表는 기자로 활약하면서 지역방송국 보도 책임자 보직을 많이 맡았다. 1977년 대전국 보도실장을 비롯해 부산국에서 두 차례, 청주국에서 한 차례 근무했다. 마산국장(현재 창원총국), 방송심의실 심의위원, 보도본부 방송위원 등을 역임했다.

최정광崔正光은 경제부·편집부 차장, 대구뉴스센터 부장, 지방부장, 라디오편집1부장, 사회부장, 방콕특파원, 해설위원 등을 지냈다.

이상과 같이 『한국방송연감 '71』에 기재된 기자를 대상으로 대략 살펴보았는데, 『한국방송연감 '73』을 보면 배학철, 황규환, 이성한, 임연택, 나형수 등이 근무 연수가 모두 6년으로 기록되어 있어 같은 해 들어온 것으로 추정할 수 있다.

위의 명단 가운데 촬영기자와 행정요원, 그리고 1970년 이후에 입사한 기자 등을 예외로 하였으나 안현태, 장만복, 이명환, 임용균 등은 다루려고 한다.

안현태安顯泰는 월남하여 지역 방송국에서 기자로 활동하다 1969년 본사로 올라와 정경부 차장, 전국뉴스반장 등을 거친 후 홍보부장 등을 지냈다.

장만복張萬福은 1963년경 기자로 입사하여 사회문화부 차장을 거쳐, 춘천방송국에서 보도과장, 실장, 부장 등으로 근무하다 영월국장, 본사 심의위원 등을 지냈다.

이명환李明煥은 1963년에 서울중앙방송국에 입사하여 특집부, 체육부 차장, 체육1부장, 스포츠중계 부장, 스포츠국장, 해설위원, 광주총국장 등을 역임했다.

임용균林容均은 『한국방송연감 '73』에 5년 동안 외신부 기자로 기록되어 있는데, 다른 이들과 비교할 때 1968년 입사자로 보인다.

위의 명단에서 보이는 **김문자**는 1972년 『방송연감』에, **민광성**은 1973년 연감에 나타나 있으나 다른 문헌에서는 찾을 수 없다. **서복석**徐福錫은 본사에서 근무하다 대구권, 충남권 기자로 오랫동안 활동하였다.

아울러 위의 명단에는 보이지 않지만, 이 시기에 기자로 근무하거나 보도 프로그램을 제작했던 몇 사람을 거명하고자 한다. 김찬식, 이재현, 김선기, 이무기, 남승자 등이 그들이다.

김찬식金燦植은 1964년경부터 10여 년간 편집·정치·특집부 기자로 근무하면서 〈뉴스릴레이〉 등 프로그램에 MC로 활동했으며, KBS 사회교육방송국 전문위원으로 직접 방송에 참여하기도 했다. 퇴임 후에는 프리랜서로 교통방송, 서울방송 등에서 활약했으며, 2007년 7월에 작고했다.

이재현李在鉉은 지역국에서 1969년 본사 보도부로 전입하였으며, 1980년대 들어서 뉴스파노라마 부장, 뉴스제작실장, 라디오편집부장, 문화과학부장, 해설위원, 스포츠담당 편성국장, 기획조정실 정책주간, 방송심의위원 등을 역임했다.

김선기金宣基는 1968년에 입사하여 활동하다가 1980년대 들어서 경제부 차장, 외신부장, 특집제작부 주간, 해설위원, 파리특파원, 모스크바특파원, 보도국 주간, 뉴욕지국장 등을 역임했다.

이무기李茂基는 1968년에 입사하여 제작 분야에 근무하다가 보도특집 부서로 발탁되어 1980년대 들어서 일반특집 부장, 기획보도실 부주간, 제작총무, 기획보도실장, 보도제작국장, LA지국장, 보도위원 등을 지냈다. 퇴임 후에는 동아방송예술대학 교수로 활동하기도 했다.

남승자南承子는 1968년 아나운서로 방송에 입문하여 1970년대 초 기자로 전직해 정부의 여러 부처를 출입하다 1980년대 들어 경제부·외신부 차장, 라디오의 〈뉴스중계탑〉·TV의 〈생활뉴스〉 앵커로 활약하기도 했다. 그 후에 보도제작부장, 문화부장, 보도위원, 라디오편집주간, 국장급 해설위원 등을 지냈다. 한국여기자클럽 회장, KBS 사외이사 등을 역임했다.

1970년대 들어서 신문기자에서 방송기자로 스카우트되거나 이적된 기자들은 시대적 범주에서 벗어나 다루지 못했다. 방송원로 노정팔은 그의 저서에서 "서울신문에서 김경식, 김태욱, 동화통신에서 이청수, 대한일보에서 조창화, 김광일, 경향신문에서 김은구, 미국공보원에서 이인원 씨 등 여러 유능한 기자들이 발탁되어 KBS로 자리를 옮겨 보도진은 크게 보강되었다"[20]고 밝히고 있다. 이들 이외에도 저자가 방송 현장에서 만난 이들은 김성배, 김부억, 오건환, 정용석, 양휘부 등 상당하다.

MBC 문화방송의 기자

문화방송 기자를 탐구하는 데는 다른 방송사보다 일관성이 있어 상대적으로 수월한 편이다. 국영방송 KBS는 공무원 신분이어서 정부 방송관장 부처(공보처, 문화공보부 등) 직원들이 인사 이동으로 영향을 받게 되는 데다 정원이 한정적이라 임시직 채용도 이루어졌다. 아울러 2, 3년 늦게 출범한 동아방송이나 동양방송 등은 두 회사 모두 신문사를 겸영하고 있어서 기자들이 신문과 방송을 넘나드는 데다, 일시에 수습기자를 선발하는 사례가 있어 방송기자 인명록을 작성하기에 어려움이 따른다.

특히 문화방송은 방송매체만 경영하는 회사이기에 기자를 관장하는 부서도 신문 겸영의 방송사처럼 편집국 소속이 아닌 보도국 체제라 일목요연一目瞭然한 상황이다. 문화방송의 보도직제를 살펴보면 다음과 같다. 1961년 개국 당시에는 방송부 산하의 보도과로 출발하였는데, 1965년 7월 보도과가 보도부로 승격되고 그 다음 달에 다시 보도국으로 격상되었다. 보도국장은 당분간 서리 체제를 유지하다가 1966년 3월에야 정식으로 임명되었다.[21] 『문화방송 30년사』를 1차적 사료, 기타 한국방송사 문헌을 2차 자료로 하여 1960년대 기자사를 정리하도록 한다.

1961년 12월 개국에 앞서 5월, 방송기자 공개 채용 시험을 거쳐 그 다음 달 합격자를 발표했다. 그 명단은 수험번호 113 형진한, 155 김용주, 192 주옥연 등 3명이다.[22] 여기에서 '김용주'는 '김용수金龍洙'의 오기誤記이며 주옥연朱玉嬿은 여기자로 발표되었으나 문화방송 역사서에는 보이지 않는다. 한편 3명 중 앞의 두 기자만 준사원으로 9월 9일 입사한 것으로 표기되어 있다.[23]

뒤이어 경력 기자들이 스카우트되어 '보도과'에 합류하는데, 가장 먼저 10월에 KBS에서 보도실장을 지낸 김인현이 입사하였다. 이어서 홍길두, 이낙용, 고일환, 윤박, 김춘빈, 고의구, 김종신, 박근숙, 박홍수, 송석두, 이종호 등이 그 해 연말까지 합류하였다.

형진한邢鎭漢은 MBC 공채 1기 기자로 입사한 후 몇 년 뒤에 서울신문 정치부 기자로 옮겨 활동하다가 1년 만에 복귀하였다. 그는 정경부장, 일본특파원, 보도국 부국장, 보도국장, LA지사장, 도쿄지사장, 이사 대우 심의실장 등을 거쳐 초대 편성이사, 보도이사로 짧은 임원 생활을 한 후 진주MBC 사장을 역임했다.

김용수金龍洙는 사회부 차장, 편집부장, 사회부장, 북한부장, 해설위원, 해설주간, 심의실장 등을 지냈다. 그는 1981년 11월 3일 별세한 것으로 기록되어 있는데, 1936년 출생인바, 그 당시 정년 나이인 55세 때이다.[24]

앞에서 거명된 김인현, 홍길두, 이낙용, 윤박, 송석두 등은 KBS 편에서 기술되었기에 생략하도록 한다.

고일환高日煥은 부산에서 신문·방송기자 생활을 하다가 서울MBC로 이적한 후 다시 1964년 RSB 라디오서울 개국요원으로 옮겨갔다. 그에 대하여는 동양방송 편에서 보완하도록 한다.

김종신金鍾信도 부산일보 기자로 시작하여 MBC로 옮긴 후 MBC 편집부국장을 거쳐 대통령비서관을 지내고 부산MBC 사장을 역임했다.

박근숙朴槿淑은 1957년 부산일보 기자로 활동하다 1961년 MBC 개국요원으로 보도과에 발을 디딘 이후, 1967년 34세 젊은 나이로 초대 보도국장에 취임하였다. 그는 MBC TV가 개국 1년여 후인 1970년 10월 5일 탄생한 〈뉴스데스크〉의 초대 앵커를 맡았다. 이 〈뉴스데스크〉는 한국TV저널리즘의 새 장을 여는 획기적인 전환점을 마련했

| 1961년 12월 인사동 셋방에서 개국한 문화방송

다. 그는 1974년 2월, 5년 6개월의 장수 보도국장에서 MBC 경영진
의 일원인 이사(방송 상무)로 승격되었으며 4년여 동안 방송 상무로
MBC 방송발전에 크게 기여했다.

　박근숙은 1978년 7월 MBC에서 물러난 이후에도 여러 곳(한국문

▌ 1969년 7월 정동 신사옥으로 이사한 문화방송

화진흥회, 한국방송광고공사 등)에서 활동을 했다. 그는 1989년 한국
방송기자클럽을 창립하고 초대 회장으로서 퇴직 기자들을 아우르는
역할을 했으며, 1990년 5월에는 문화방송사우회를 창립, 회장을 맡
아 퇴직 방송인들의 친목 도모에도 이바지했다. 그에 관하여는 다음

4장에서 상세하게 다루도록 한다.

1962년 보도과 입사자는 김기주, 한동원, 이만우 등 3명이다. 두 해에 걸쳐 2명, 3명 정도의 소수 공채는 경력기자 스카우트의 영향으로 볼 수 있을 것이다. 김기주는 KBS에서 다루었기에 넘어가기로 한다.

한동원韓東元은 부산일보 기자 생활을 하다 MBC로 이적하여 활동하다가 부산일보 취재부장을 거친 후 서울신문으로 옮겨와 각 부서의 부장을 지냈다. 그는 기자직을 떠난 후에도 언론중재위원회 사무총장, 한국언론연구원장 등을 역임했다.

이만우李萬雨는 상공통신 취재부장을 지내다 MBC에 스카우트되어 정경부장, 경제부장, 기획실장, 보도국 취재부국장, 총무국장 등을 역임했다. 1970년대 후반 문화방송과 경향신문이 병합되었을 때 대전지사장, 전주지사장 등을 지냈다.

1963년에는 장석일, 이은명, 김우용, 이대식, 김관수, 전응덕 등이 입사했다. 이들 가운데 장석일張錫一, 김관수金寬洙 등은 문헌에서 찾을 수 없었으며 **전응덕**全應德은 부산MBC 보도과장에서 서울MBC 보도과장으로 스카우트되었다.

이은명李殷明은 입사 이후 정경부·사회부 차장, 보도편집부장, 해설위원, 해설주간 등을 거쳐 보도이사가 되었으며 MBC청룡 사장, 대전MBC 사장 등을 역임했다.

김우용金禹鎔은 일찍 KBS 기자를 거쳐 서울신문 사회부장 등을 지낸 후 1963년 MBC 보도과 촉탁으로 들어왔다. 그는 2년 후쯤 퇴임하여 원호처(현 보훈처) 원호위원으로 활동하였는데, 이는 그가 일제 말 학병으로 징집된 경력 때문으로 보인다.

이대식李大植은 입사 1년 후 라디오서울 개국요원으로 이적하여 동양방송 사회부장, 체육부장 등을 지낸 후 광고부국장이 되었다.

1964년 보도과에는 박우동, 이영익, 변건, 노영일, 장효상, 신형창, 노성대 등 7명이 공채 2기로 1월에 입사했으며 이한수, 민경서, 송영대, 이대식 등이 특채로 합류했다. 이들 가운데 박우동朴愚東, 민경서 閔庚瑞 등은 관련 문헌에서 찾지 못했다.

이영익李英翼은 정치·경제·사회·편집부 부장 등을 거쳐 보도국 부국장, 홍보조사실장, 방송연구소장, 도쿄지사장 등을 지낸 후 강릉·춘천 MBC 사장을 역임했다.

변건卞鍵은 편집·네트워크 취재부·제2사회부·조사1부 부장, 심의실 부실장 등을 거친 후 대구MBC 상무로 근무하다가 1990년 SBS가 개국되자 관리이사로 자리를 옮겨 기획담당·보도담당 상무이사를 지낸 후 SBS 프로덕션 대표이사가 되었다.

노영일盧英一은 외신·편집부장, 유럽특파원, 보도부국장, 보도국장, 감사실장, 기획실장, 보도이사, 워싱턴지사장 등을 거쳐 원주MBC 사장을 역임했다.

장효상張曉相은 정치·사회부장, 주미특파원, 심의실·홍보조사 실장, 해설위원, 포항MBC 사장 등을 지냈다.

신형창辛炯昌은 사회부 차장, 편집부장 등을 거쳐 보건사회부 대변인으로 이직한 후 해외개발공사 관련 해외 지사장 등을 역임했다.

노성대盧成大는 MBC 기자 2기 공채자 가운데 본사 대표이사 사장과 방송위원회 위원장을 역임한 방송인이다. 그는 1964년 입사 후 기자로 근무하며 근거지인 광주MBC 보도실장을 지내기도 했는데, 본사의 정경·사회·경제부장, 해설위원 등을 거쳐 보도부국장 시절 1980년 신군부의 언론통폐합 즈음 해직되어 고난의 시절을 보냈다.

노성대는 1988년 MBC 해설위원실 주간으로 복귀하여 남북협력 보도이사 대우, 워싱턴 지사장, 광주MBC 사장 등을 지내고 1999년 본사 대표이사가 되었다. 그는 사장직에서 물러난 후에도 한국간행물윤리위원회 위원장과 방송위원회 위원장, 광주대학교 언론대학원 석좌교수, 공익광고협의회 위원장 등 화려한 직위로 사회생활을 영위했다.

그 밖에 그 당시 특채로 입사한 **이한수**李平洙는 그 다음 해 서울신문으로 옮겨 정치부장, 편집국장, 주필, 사장 등을 역임했다.

송영대宋榮大는 정경부 차장, 부장대우 등으로 근무하다가 1972년에 통일원(현 통일부) 조사연구실 연구관으로 진출하여 남북대화사무국 상근대표, 남북적십자회담 대표 및 대변인, 수석대표 등을 거쳐 통일원 차관을 지냈다.

이대식李大植은 1963년 특채자로도 기록되어 있는데, 동일인인지 동명이인지 알 수가 없다. 만약 동일인인 경우 『문화방송 30년사』 편집진의 착오일 수도 있다.

1965년 보도부·보도국 입사자로는 김현철, 홍윤호, 정진철, 김창식, 한인석, 이강택 등이 있는데, 「방송」지에는 정병수, 홍윤호, 정진철 등이 전주문화방송국 기자로 공채된 것으로 나와 있다.[25]

김현철金炫澈은 방송 관련 문헌에서 찾을 수 없다. KBS를 거쳐 MBC에서 고위 간부를 지낸 프로듀서 김현철金顯哲과는 동명이인同名異人이다.

홍윤호洪鈗昊는 정치부 기자 등으로 활동하다가 1972년 KBS 서울중앙방송국 보도해설위원으로 이적하여 사회부 차장, 사회2부장 등을 지냈다

정진철鄭鎭澈은 관련 문헌에서 찾지 못했다. 그러나 다른 여러 문헌 『한국방송인인명사전』(2009년), 『한국인물사전』(2005년), 『한국신문방송연감』(1991년) 등에서는 1961년 국립영화제작소에 입사하여 1968년 KBS-TV에서 근무하다가 1969년 MBC로 스카우트되어 카메라취재부장, 보도국장 대우, 카메라취재담당 국장, 강릉MBC 사장 등을 역임한 마지막 이름자가 '철哲'인 인물로 보인다.

김창식金昌植은 사회부 차장, 사회부장, 정치부장, 해설위원 보도부국장, 일본특파원, 보도국장 대우 부국장, 포항MBC 사장 등을 역임하였다. 그는 1961년 KBS 국제방송국 해외과 기자를 시작으로 서울

중앙방송국 보도실 정치부 기자 시절 MBC로 스카우트된 것으로 보인다.

이강택李康澤은 1974년 7월 10일 퇴사한 것으로 나와 있으나 **한인석**韓仁錫은 인명사전에서 찾아보기 어렵다. 기자 생활을 오래 하지 않은 것으로 보인다.

정병수鄭秉秀는 전주MBC로 입사하여 본사의 경제부 기자, 정경부 등의 차장을 거쳐 경제·외신부장 등을 지내고 보도위원·앵커로 활약하다가 보도부국장 겸 해설위원, 홍보실장, 여수MBC 사장 등을 역임하였다.

1966년 3월 1일 견습기자로 보도국에 입사한 이는 이상욱, 임동훈, 박창신, 강성구, 이득렬 등인데, 이들을 MBC 공채 3기 기자로 부른다.

이상욱李相旭은 사회부, 정치부 기자로 활약하다가 사회부장, 정치부장, 취재담당부국장, 보도국장, 해설주간, 파리지사장, 보도이사 등을 거쳐 전무이사를 지낸 후 포항MBC 사장을 역임했다.

임동훈林東勳은 편집부·경제부 차장, 부장을 지내고 해직되었다가 1989년 보도국 부국장 대우로 복직되어 해설위원, 스포츠국장, 포항MBC 사장 등을 역임하였다. MBC를 떠난 후에도 아리랑TV 방송본부장, 교육방송 부사장, 한국방송영상산업진흥원 이사장 등을 맡아 활동했다.

강성구姜成求는 외신부장, 해설위원, 도쿄특파원, 보도부국장, 보도 국장, 해설주간, 보도이사, 마산MBC 사장 등을 거친 후 본사 사장 이 되었다. 그는 1987년부터 몇 년간 〈뉴스테스크〉 앵커로 활약했 으며 MBC 사장을 떠난 후에는 한나라당 16대 국회의원을 지내기도 했다. 한국방송회관 초대 이사장 등을 역임하였다.

이득렬李得洌은 정경부장, 정치부장, 사회부장, 특집부장 등을 거 쳐 보도위원·〈뉴스테스크〉 앵커로 오랫동안 활약했으며 보도국장 대우, 워싱턴지사장, 보도이사, 전무이사, MBC 자회사 애드컴 사장 을 지낸 후 본사 MBC 사장을 3년간 역임했다. 퇴임 후에는 국영기 업체인 한국관광공사 사장에 임명되기도 했다.

다음 글은 이득렬이 기자 시절 특종에 관련하여 본인이 집필한 내 용이다. 1967년 9월 충남 청양 구봉 광산에서 발생한 사건 취재기이 다. 광부 양찬선(본명 김창선) 씨가 16일 만에 극적으로 구출된 사건 으로 온 나라가 들썩이던 기억이 새롭다. KBS와의 형평성 차원에서 구봉 광산 광부 매몰 아이템을 『문화방송 30년사』에서 탐색하여 싣 는다.

의사로 변장하고 녹음 특종 - 이득렬(전 MBC 사장)

구봉 광산에서 사고가 나서 2주일간이나 갱 속에 갇혀있던 양창선 씨가 마침내 구출이 되어 메디칼센터에 입원하는 것으로 결정이 됐다. 그때 메디칼센터의 내과 과장이었던 김종설 박사가 양창선 씨를 맡게 됐는데 문제는 양창선 씨가 일단 입원을 하면 워낙 기력이 쇠해져서 기자들의 접근이 어려울 것이 뻔한 것이었다. 그런데 회사에서는 당시 사건기자이던 나에게 어떤 수단을 쓰던지 양창선 씨를 단독 인터뷰 하라는 지시가 떨어졌다. 특종을 하고 싶다는 나의 간절한 소망을 들은 김종설 박사는 자기의 의사복 한 벌을 주면서 하룻밤을 자기가 쓰는 방에서 자고 내일 양 씨가 도착하면 인턴으로 가장을 해서 별실에 같이 들어가 녹음을 하라는 것이었다. 이튿날 양창선 씨가 병원에 도착했는데 아니나 다를까 중부경찰서 경찰관들이 병실복도에 배치돼 기자들의 접근을 막았다. 나는 녹음기 마이크를 의사복 팔깃 속에 감추고 양창선 씨가 입원한 방으로 들어갔다. 병실 문 앞에 서 있는 경찰관을 보고 도둑이 제 발이 저린다고 한술 더 떴다. "기자들 때문에 환자를 돌볼 수가 없단 말이야 참……." 별실에 들어가니 과연 양 씨가 피골이 상접한 채 누워있었다. 마이크를 대고 마음껏 녹음을 했다. 녹음을 막 끝낼 무렵 이게 웬일인가? 가짜 의사가 하나 더 나타난 것이다. 라이벌 방송의 H기자였다. 나는 이미 녹음을 끝냈겠다 파투를 내서 피차 쫓겨나면 그만이었다. 의사복을 벗고 병실을 나오면서 경비 경찰관이 들으라고 큰소리를 쳤다. "기자들이 의사복을 입고 병실을 저렇게 들어오니 환자가 야단났는데……." H기자는 녹음도 못하고 쫓겨났다. 그날 낮 MBC 라디오 뉴스에서는 양창선 씨가 2주일 간을 물 한 모금 못 먹고 갱 속에서 사투한 내용이 본인의 목소리로 생생하게 방송 됐다.

『문화방송 30년사』, pp320~321

1966년 3기 수습기자들이 들어오던 해 KBS 등에서 스카우트되거나 촉탁직으로 입사한 이들이 형진환, 곽노환과 김경해, 진봉천, 임세창 등이다. 형진환은 1965년 10월 퇴직했다가 복귀했으며 곽노환, 김경해는 KBS 기자로 활약하다가 스카우트되어 MBC로 옮겨왔다. 이들에 대하여는 앞에서 기술하였다.

진봉천陣奉天은 1951년부터 통신사, 신문사 기자로 활동하다가 그해 10월 1일 촉탁직으로 MBC에 입사했다. 조사부장, 외신부장, 방송심의위원 등으로 일하다가 1981년 대구MBC 관리이사로 근무했다.

임세창任世昌은 7월 1일 촉탁으로 MBC 보도국에 입사하여 근무하다가 1974년 7월 10일 퇴직한 것으로 나타나 있다.

『문화방송 30년사』에는 1967년 김정수와 윤호찬이 보도국으로 입사한 것으로 기록되어 있다. 그 해 11월 편성국으로 입사한 김유선 같은 이들은 빠뜨리기가 쉽다. 왜냐하면 보도국 입사자 명단에 없기 때문이다. 이러한 사례가 이외에도 더 있을 수 있기에 수정보완 작업이 반드시 요구된다.

김정수金政洙는 외신부 기자, 외신부 차장, 사회부 차장, 심의위원 등을 거쳐 출판부장, 방송정보자료실 부실장 등을 지냈다. MBC 입사 전에는 서울대학교 중앙도서관에 4년 여간 근무한 경력이 있다.

윤호찬尹皓粲은 편집1부 차장, 경제부장, 편집담당 부국장, 국장급 해설위원·심의위원, 심의실장 등을 거친 후 충주·원주MBC 사장 등을 역임했다.

김휴선金休亘은 사회부, 체육부 기자, TV편집1부 차장·부장 대우, 보도관리부·스포츠취재부·스포츠제작부 부장을 거쳐 부국장 대우 편집지원팀장, 심의실 심의위원, 홍보심의국 위원 등을 지냈다.

문화방송은 1968년에 상반기(2월 13일)와 하반기(11월 1일)로 나누어 두 차례 공채를 실시하였다. 2월 공채에는 강영구, 김기도, 고성광, 신대근, 하순봉, 최재만, 강윤석 등 7명이, 11월에는 이상열, 김정명, 이민웅, 하영석 등 4명이다. 신현필은 6월에 견습기자로 입사한 것으로 기록되어 있다.[26] 이들에 대한 기록 순서도 『문화방송 30년사』에 따른다. 아울러 이해 보도국 명단에는 촉탁으로 입사한 이들이 상당수에 이른다. 김형희, 홍기헌, 조광래, 정승철, 김종옥, 함승, 채근석, 박명근, 원종묵, 문중석, 김광백, 하복동, 이정국, 김창섭 등이 기록되어 있다. 이러한 인력의 대거 수급은 텔레비전 방송을 시작하기 위한 준비책의 일환으로 보인다.

강영구姜英求는 편집부 차장, 해설위원, 외신부·사회부 부장, LA특파원 마치고 부국장 대우정치부장 등을 지냈다. 그 후 보도국장, 해설주간 등을 두 차례나 맡은 뒤에 도쿄지사장, 보도담당 이사 등을 역임했다. 그는 마산MBC 사장으로 4년여 재직하다, 퇴임 후에는 방송위원회 위원으로 활동하기도 했다.

김기도金基道는 정치부 차장, 정치부장 등 정치부 기자 생활을 오래 하면서 〈뉴스테스크〉 앵커로 활약하였다. 그는 관계로 진출하여 대통령 공보비서관, 안기부 비서실장 등을 거쳐 제14대 국회의원을 지냈다. 그 후 국립경찰대, 한국외국어대학교 등에서 초빙·객원 교수, 강사 등으로 대학 강단에 섰다. 또한 2002년부터 2006년까지 한국기자클럽 회장을 역임했는데, 재임 시 『방송보도 50년』 제하의 방대한 단행본을 상, 하권으로 출간했다.

고성광高成光은 외신부·경제부 차장, 경제부·외신부·사회부 부장 등을 거쳐 제작담당 부국장, 홍보실장, 보도제작국장, 도쿄지사장, 보도이사 직무대리 등을 지냈다. 퇴직 후에는 대전MBC 사장, 방송문화진흥회 감사 등을 역임했다.

신대근申大根은 편집부·경제부 차장, 경제부·사회부·외신부·TV편집1부 부장 등을 거쳐 보도국 부국장, 올림픽방송기획실장, 보도제작국장, 파리지사장 겸 특파원, 위성방송단 국장, 충주MBC 사장 등을 지냈다. 그는 1999년부터 3년간 대구MBC 사장을 역임하기도 했다.

하순봉河舜鳳은 정치부 차장, 정치부장, 해설위원 등을 거치면서 MBC-TV 메인 뉴스인 〈뉴스데스크〉 앵커로 활약하다 정치계에 입문했다. 11대 국회의원을 지낸 후 14~16대 국회의원으로 당선되어 의정 활동을 펼쳤다. 국무총리 비서실장, 한국광고공사 사장 등을 역임하기도 하였다.

최재만崔在萬은 1973년 4월 퇴임한 것으로 『문화방송 30년사』에 기록되어 있으며 강윤석姜允皙은 찾지 못했다. 11월에 견습기자로 입사한 이들은 다음과 같다.

이상열李相悅은 편집부·문화과학부 부장, 홍콩특파원, 부국장대우 사회부장, 〈뉴스데스크〉 앵커, 보도국장, 북경지사장, 통일문제연구소장, 보도이사 등을 지냈다. 퇴임 후에는 부동산TV 대표이사, 세종대학교 석좌교수 등을 역임했다.

김정명金政明은 사회부·외신부·정치부 기자로 활동하다가 TV편집1부장, 정치부장, 보도부국장, 해설위원, 시청자국장, 총무국장, 도쿄지사장, 기획국장 등을 거쳤다. 그 후 울산MBC 사장을 역임한 후 방송문화진흥회 이사가 되었다.

이민웅李敏雄은 정치부·경제부·외신부 차장 등으로 기자 활동을 하다가 1983년 11월 퇴직하여 외국 유학길에 올랐다. 미국 오리건 주립대학원에서 저널리즘 석사, 박사학위를 취득하고 귀국하여 한양대학교 신문방송학과 교수로 후학들을 지도하면서 사회과학대학장 보직을 맡기도 했다. 저서로『한국TV저널리즘의 이해』(1996년),『저널리즘: 위기·변화·지속』(2003년) 등이 있다.

하영석河永錫은 사회부 기자, 사회부 부장대우, TV편집1부·TV편집2부·정치부·외신부 부장을 거쳐 부국장 대우 뉴욕특파원, 스포츠국장, 베이징지사장, 해설위원 등의 보직을 맡았다. 그 후 2000년에는 대전MBC 사장에 취임하여 활동하기도 하였다.

신현필申鉉㣮은 입사하여 보도부서와 편성부 등에 근무하다가 1974년부터 체육부에 정착하여 차장, 부장, 스포츠국 제작부장, 부국장, 국장대우를 거쳐 홍보실장, 방송자료국장, 뉴미디어국장 등을 역임했다.

홍기헌洪基憲은 MBC 보도국에 입사하여 몇 년 후에 수원지역 지방지 기자로 이적한 것으로 보인다. 1975년에는 한국기자협회 경기도지부장을 맡은 경력이 있고, 그 다음 해에는 경기도의회 부회장을 지낸 것으로 나타나 있다. 1998년에는 한국케이블TV 수원방송 회장을 역임했다.

김종옥金鍾玉은 잡지사 기자로 근무하다 MBC 보도국으로 입사하여 1년 정도 근무하다 춘천MBC 기자로 이적하여 보도과장, 보도부장 등을 역임했다.

김광백金光白은 사회부 등에서 기자로 근무하다 한국방송광고공사로 이적하여 차장, 부장직을 지냈다. 이후 다시 MBC로 옮겨와 보도위원, 사회부장 등을 지냈으며 감사, 인사, 광고부서 등에 근무하다 해설위원, 심의위원 등을 거친 경력이 보인다.

하복동河福東은 보도국 기자를 거쳐 현대경제일보로, 다시 경인일보로 이적하여 사회2부장, 정경2부장을 지내다 수도권일보 사장을 역임했다.

김창섭金昌燮은 보도국에 입사하여 외신부, 문화과학부, 홍보부 차장, 외신부장 대우, 해설위원 등을 지냈다.

함승咸昇, 채근석蔡根錫, 박명근朴溟根, 원종묵元鍾默 등은 1971년 퇴사한 것으로 기록되어 있다. 김형희金亨熙, 조광래趙光來, 정승철鄭勝哲, 문중석文重錫, 이정국李正國 등은 검색했으나 찾지 못했다.

1969년 1월 1일 자 수습기자로 입사한 이는 박우정, 김진호, 이성해, 정길용, 추성춘 등 5명이다. 이해에 이들 공채 기자 이외 타 방송사에서 스카우트한 인력이 꽤 많은데, 이는 MBC가 텔레비전 방송을 개시해야 하기 때문에 기자의 보강은 물론 TV뉴스 제작에 필요한 카메라 기자, 그래픽 디자이너 등도 스카우트한 것으로 보인다. 『문화방송 30년사』의 1969년 보도국 입사자 명단을 보면 앞의 5명이외 조근재, 이원일, 최동명, 이은혜, 배용조, 정진철, 고명철, 박채규, 조영제, 진봉천, 이영수, 김용균, 이양길, 이윤빈, 장기완, 정정일, 주채영, 박정자, 정진, 김성영, 신낙균 등이 나타난다.

박우정朴禹政은 사회부 기자를 시작으로 TV편집1부·사회부 차장, TV편집2부·제2사회부·스포츠취재부 부장, 부국장, 국장대우 정치팀장, 선거방송기획단장 등을 거쳤다. 청주MBC 사장을 역임한 후 방송문화진흥회 감사, 이사를 지냈다. 2008년에는 한국방송기자클럽 회장이 되었다.

김진호金眞豪는 조선일보, 한국일보 기자를 거쳐 MBC에 수습기자로 입사하였기 때문에 동기생들보다 4, 5세 연상이다(1939년생). 그는 보도특집부장, 경제부장, 경제과학담당 부국장, 보도국장 직무대행, 해설담당주간, 해설위원, 보도국장, 통일문제연구소장 등을 거쳐 포항MBC 사장을 역임했다.

이성해李成海는 정치부 기자, 차장을 거쳐 1981년 관계로 진출하여 체신부 대변인, 부산체신청장, 전화관리국장, 정보통신부 기획관리실장, 정보화기획실장 등을 역임했다. 퇴임 후에는 한국통신기술사장을 지냈다.

정길용丁吉勇은 사회부·외신부·올림픽 특집1부·홍보부 부장을 거쳐 보도국 부국장, 심의국장, 해설주간, 홍보국장, 보도이사, 특임이사, MBC 프로덕션 부사장 등을 역임했다.

추성춘秋性春은 입사하여 취재 및 편집 관련 부서를 거쳐 사회부 차장, 도쿄특파원, 뉴스앵커, 부국장대우 외신부장, 국장급 해설위원, 보도국장, 해설위원실 주간 등을 거쳐, 제주MBC 사장을 역임했다.

고진^{高進}은 TV편성국에 프로듀서로 입사했으나 기자로 전직했다. 이후 그는 편집2부장, 기획담당부장, 부국장급 문화부장, 선거방송 기획단장, 심의국 심의위원, 보도제작국장, 보도국장, 보도본부장 등을 거쳐 목포MBC 사장을 역임한 뒤 한국방송영상산업진흥원장을 지냈다.

정진철^{鄭鎭哲}은 앞에서 다룬 '정진철^{鄭鎭澈}'에서 상세히 기술하여 중복을 피하기로 한다. 다만 동명이인^{同名異人}인지는 확인하지 못했지만, 기록의 중요성을 새삼 절감한다. 그는 KBS를 거쳐 전주MBC에서 근무하다 다시 서울MBC로 스카우트된 것으로 보인다.

진봉천^{陳奉天}은 1951년 대한통신 외신부 기자로 언론계에 입문하여 동양통신 등 통신사에서 근무하다 1969년 MBC로 옮겨와 외신부 차장, 부장, 조사부 부장, 방송심의위원 등을 거쳐 대구MBC로 다시 이적하여 관리이사를 지낸 후, 울산MBC 상무이사를 역임했다.

이영수^{李盈洙}는 조사부 기자로 들어와 보도제작부 차장, 안전관리부장, 시설관리국 부국장, 총무국 부국장 등을 지냈다.

김용균^{金容均}은 1963년 KBS-TV 기자로 근무하다가 1969년 MBC로 스카우트되었다. 그는 사회부장을 비롯하여 편집부·문화과학부·보도제작부장을 거쳐 보도국 부국장, 보도국장, 도쿄특파원 지사장 등을 지낸 후 광주MBC·전주MBC 사장 등을 역임했다.

이양길^{李洋吉}은 KBS 기자로 근무하다 MBC로 스카우트되어 옮겨온

142

후 편집부 등 다양한 부서에서 근무하고 문화과학부·조사부·홍보부장, 심의위원, 부국장, 국장급 해설위원, 보도국장, 이사대우 해설위원을 거쳐 삼척MBC 사장을 역임했다.

위에서 거명된 이들 가운데 카메라 기자 및 TV미술직 요원들이 보인다. 이들에 대한 기록은 다른 방송사와의 형평성 등을 고려하여 다음 기회로 미룬다.

TBC 동양방송의 기자

'동양방송' 편에서는 1964년 'RSB 라디오서울'과 'DTV 동양텔레비전방송'으로 입사한 기자들을 시작으로 '중앙방송', '동양방송'으로 회사명이 변천되는 과정에서 방송에 입문한 기자들까지 망라하여 총체적으로 기술하려고 한다. 1964년 5월 라디오가, 12월 텔레비전이 각기 방송을 개시했다가 그 다음 해 1월 '주식회사 중앙방송(JBS)'이라는 상호 아래 중앙라디오와 중앙텔레비전이 통합되었고, 그 해 12월 서소문의 중앙빌딩으로 이전하였다. 중앙라디오와 텔레비전은 중앙일보와 더불어 중앙매스컴 시대를 지향하던 꿈이 1966년 8월 15일 주식회사 동양방송으로 변경되어 무산되었다. 그러나 동양방송그룹

(AM·TV·FM)은 KBS로 통합되는 1980년까지 유지하였다. 여기에서도 다른 방송사와 마찬가지로 수록 범위는 1969년까지 입사한 기자들이 그 대상이다.

동양방송의 기자들을 체계적으로 정확하게 기록하는 데는 어려움이 있다. 다음 차례에 기술하게 될 동아방송에서도 언급하겠지만, 동양방송은 국영방송 KBS나 문화방송 MBC와 달리 신문 매체를 겸영하는 언론사이기에 신입 기자를 공모하는 데 있어, 매체별로 분리하여 모집하지 않기 때문에 방송기자와 신문기자가 혼재되어 있을 수도 있다. 동양방송사사에도 역대 수습사원 인명록에 '라디오1기(1964년 4월 1일)'에 이어 곧바로 '제1기(1965년 8월 2일)'가 수록되어 있는 상황이다.[27] 앞의 라디오1기는 RSB 라디오서울이 개국을 앞두고 신입사원을 공모한 경우이고, 뒤의 1기는 동양방송 중앙일보 신입사원을 선발한 케이스인 것이다. 물론 뒤의 1, 2기의 기자들을 보면 대체로 신문기자들이 대세를 이루고 있다. 그 원인은 라디오 TV 개국에 따른 견습기자 및 경력기자를 대량 채용한 때문이다.

여기에서는 1차적으로 관련 사사社史를 참고하여 RSB 라디오서울 개국 때 입사한 기자들과 DTV 동양텔레비전방송의 보도 관련 개국 요원들을 먼저 고찰하려고 한다. 그 다음에는 1969년까지 TBC 동양방송 기자로 활동한 이들을 탐색하여 기술할 것이다. 아울러 기재하는 차례는 동양방송사사의 기록 순서에 따르거나 입사 연차 혹은 가

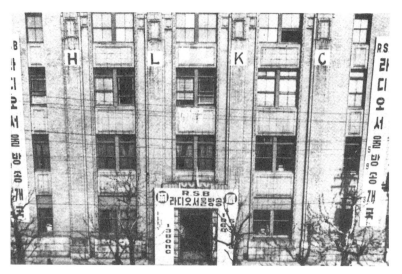

▌ '라디오서울' 사옥 전경

나다순으로 정리를 하였다. 방송계 진출이 두드러진 5기 입사 기자들이 그 대표적인 사례이다.

다만 동양방송 재직 기자를 탐구하면서 아쉬운 점은 1960년대 중후반 경력기자로 입사한 이들을 추적할 수 없다는 사실이다. 문화방송이나 동아방송과 달리 방송인들의 '들고 남'을 기록한 문헌이 없기 때문이다. 예를 들면 김철린金哲麟 기자 같은 경우다. 그는 KBS 기자로 활동하다가 1968년 동양방송으로 이적하여 편집제작부 차장, 사회부 차장 등을 지내다 1980년 언론통폐합으로 다시 KBS로 이적하여 그 다음 해 교통부 공보관으로 취업하였다. 이러한 사례가 김철린

동양TV와 통합된 후 1965년에 중앙매스컴센터로 일원화
된 '라디오서울'

하나뿐이라고 단정할 수는 없을 것이다.[28]

　1964년 3월에 구성된 RSB 개국 실무 보도 분야 진용으로는 보도
과장 전응덕, 보도과에 고일환, 윤명중, 한정준, 문찬홍, 이대식, 박
상문, 정종진, 박광춘, 이창열, 조광식, 고석주 등이 스카우트되어
짜여졌다.

　1964년 10월 DTV 보도과장에는 고일환, 보도과에는 김충기, 남

정걸, 윤천영, 이창열, 오일룡, 장준우, 김재길 등이 스카우트되었다.

고일환高日煥은 앞의 MBC 편에 "부산에서 신문·방송기자 생활을 하다가 서울MBC로 이적한 후 1964년 라디오서울 개국요원으로 옮겨갔다"고 기술한 바 있는데, 그 해 10월 동양TV 초대 보도과장으로 발탁되었다. 그는 그 후 주일특파원, 보도부장, 보도부국장 대우, 방송심의실장, 보도국장 등을 역임한 후 방송국을 떠나 삼성비서실 홍보담당이사, 제일기획 상무 등을 지냈다.

윤명중尹銘重은 1957년 세계일보 기자를 시작으로 언론계에 들어와 서울신문, 동아일보 등을 거쳐 1964년 라디오서울 기자로 입사하여 중앙일보 동양방송에서 오랫동안 근무했다. 그는 보도국 사회부장을 거쳐 광고국장, 판매국장, 동양방송 이사, 중앙SVP담당 이사를 지낸 후 사회 각 분야에서 책임자로 활동했다.

한정준韓廷埈은 KBS 서울중앙방송국 기자에서 RSB 라디오서울 개국요원으로 이적하여 보도차장, 정경부장, 기획위원 등을 지냈다.

문찬홍文燦洪은 1959년 조선일보 기자로 출발하여 활동하다가 1964년 개국요원으로 스카우트되어 청와대 출입기자를 경험한 후 곧바로 청와대 비서실로 이적했다.

이대식李大植은 1956년 국도신문 기자로 입문하여 MBC를 거쳐 라디오서울 개국요원으로 합류하여 보도부 차장대우, 사회부장, 체육부장, 중앙일보 광고부국장 등을 지냈다.

박광춘朴光春은 경향·서울신문 기자를 거쳐 라디오서울 개국요원으로 스카우트되어 사회부, 편집부를 거쳐 편집제작부·정경부 차장을 지낸 후 1980년 언론통폐합으로 KBS로 넘어와 라디오사회부장, 보도본부24시 부장, 연수원 연구위원, 심의실 심의위원 등을 거쳐 지역국장으로 나가 강릉·원주국장을 각각 두 차례 역임하기도 했다.

정종진鄭鍾珍은 1956년 국제신보 기자로 입사하여 1964년 개국 당시 옮겨와 TBC 사회부 차장, 편집제작부장을 지낸 후 KBS로 이적되어 지방부장, 부국장 겸 사회부장, 진주국장, 방송심의위원 등을 거쳐 퇴직하였다. 2012년 4월 13일 별세했다.

이창열李昌烈은 1961년 KBS 기자로 입사하여 1964년 RSB로 이적한 뒤, TBC로 바뀐 후에 편집부장, 사회부장을 거쳐 방송심의위원으로 지내다가 퇴직했다.

조광식趙光植은 1963년 일간스포츠 기자로 언론계에 입문하여 그다음 해 개국요원으로 옮겨 왔는데, 곧바로 1965년 동아일보로 이적하여 체육부 차장, 부장을 거쳐 1980년 MBC 청룡야구단장, MBC 스포츠 국장 등을 역임했다.

김충기金忠起는 1961년부터 서울중앙방송국 기자로 활약하다가 동양TV 개국요원으로 스카우트되어 10년 가까이 기자 생활을 하다 같은 삼성그룹의 광고회사 제일기획 본부장으로 옮겨 1982년까지 근무했다.

남정걸南廷杰은 편집제작부 차장, 편집제작부장, 정경부장 등을 역임하였다.

윤천영尹天榮은 KBS에 입사하여 활동하다 스카우트되어 DTV동양방송 개국요원으로 참여하여 기자로 활약하였다.

장준우張俊佑도 KBS에서 스카우트되어 왔는데, 1972년 12월까지의 기록인 『한국방송연감 '73』 '인명록'에는 등재되어 있으나, 3명 모두 1975년 발간된 『중앙일보 동양방송 10년사』의 '현 임직원' 명단에 보이지 않으며, 『한국언론인물사전』에도 등재되어 있지 않다.

오일룡吳一龍은 동양TV 개국 당시 입사하여 스포츠 기자 및 해설자로 활동하다가 1980년 KBS로 이적되어 보도본부 체육담당부국장, 방송위원, 스포츠제작실장, 스포츠국장, 대구총국장, 해설위원 등을 역임하였다.

김재길金在吉은 1960년 공보부 방송문화연구실에 입사하면서 방송과 인연이 되어 1964년 동양TV 개국요원으로 스카우트되었다. TBC 동양방송에서 스포츠 전문기자로 체육부장을 지낸 후 1980년 KBS로 옮겨와 올림픽방송본부 제작국장, 스포츠국 제작위원 등을 역임했다.

강용식康容植은 1964년 4월 라디오서울 공채 1기 기자로 입사하여 활동하면서 정경부장, 주일특파원, 보도부국장 등을 거쳐 1980년 언론통폐합으로 KBS로 옮겨와 보도국장, 보도본부장, 보도이사 등을 지내며 이산가족찾기 방송본부장 등을 역임하였다. 그는 1985년 12대 전국구 국회의원으로 정계에 진출하여 3선 의원을 지냈을 뿐만 아니라 총재 보좌관, 국무총리 비서실장, 공보처 차관 등 관계에도 재직하였다. 그는 본인이 설립한 21세기방송연구소 이사장으로 활동하고 있다. 저서『당신의 미래는 방송에 있다』(중앙일보사, 1994년)를 펴낸 바 있다.

김우철金宇哲은 강용식과 같이 입사하여 편집제작부장, 사회부장, 보도부국장 등을 지낸 후 KBS로 이적되어 보도국 부국장, 보도본부 부본부장, 방송위원, 아시아총국장(도쿄 근무), 해설위원장, 시청자본부장, 특임본부장, LA미주한국방송 사장, KBS 제작단 사장 등을 역임했다. 퇴임 후에는 KBS 사외이사를 지낸 바 있다.

임응식林應植은 기자로 입사하여 정경부장, 삼성회장 비서실 홍보팀장, 중앙일보 TBC 도쿄지사장, 사업부국장, 논평위원 등을 거친 후 KBS로 이적해 해설위원, TV교육국장, 전주방송국장, 홍보실장, 해설위원장, 국제방송국장, 도쿄총국장, 해설위원 등을 지낸 후 정년퇴임했다.

김성호金性鎬는 편집제작부장, 정경부장, 파리특파원 등을 거쳐 1981년부터 중앙일보 논설위원 등으로 활동하면서 신문인으로 변신했다. 중앙경제신문 논설위원, 논설위원 실장 등을 거쳐 문화일보 논설위원을 지내기도 했다.

노계원盧笑源은 외신부장, 정경부장, 보도국 부국장을 거쳐 1980년 언론통폐합 당시 KBS로 이적하지 않고 중앙일보에 남았다. 중앙일보 특집기획부장, 편집부국장 겸 문화부장, 논설위원, 편집국장 대우, 수석논설위원 등을 지냈다.

박영술朴英述은 정경부 차장, 외신부 차장을 거쳐 외신부장 시절인 1975년 방송계를 떠났다. 한때 쌍룡건설 해외업무 이사, 사우디 지사장을 지내기도 했다.

석종현石鍾現은 사회부 차장, 편집제작부장을 지낸 후 1975년 퇴사했다가 1983년 MBC 심의위원으로 방송계에 복귀하여 정년까지 근무했다.

이돈형李敦珩은 사회부 차장, 부장, 논설위원을 거친 후 중앙일보 출판국장 등을 지냈다.

이희준李熙俊은 사회부장, 논평위원, 부국장 등을 거쳐 1980년 KBS로 이적되어 사회부장, 기획위원 등을 지낸 후 1981년 삼성그룹으로 갔다.

구박具博은 '라디오서울' 아나운서 1기생으로 입사했으나 곧바로 기자로 전직하였다. 그는 주로 정치부 기자로 활동했는데, 정경부 차장을 거쳐 청와대를 출입하다가 정치부장이 되었다. 아나운서 출신답게 그는 명쾌한 어조로 TV뉴스 앵커로서 크게 활약하였다. 1980년 언론통폐합으로 KBS로 넘어와 해설위원, 부산총국장, 심의실장, 국제방송국장, 뉴미디어국장 등을 역임했다. 그는 퇴임 후에 KBS영상사업단 감사, 미디어연구원 회장 등을 지내기도 했다.

성대석成大錫은 1964년 12월 DTV 견습 아나운서로 방송계에 입문하였다. 이강자李康子, 김경실金景實, 이소자李昭子 등 3명의 여자 아나운서와 함께 합격했는데, 그가 유일한 남자 아나운서였다.[29] 그는 「코리언리퍼블릭」 기자를 거쳐 1964년 동양방송 기자로 입문하여 사회부·편집제작부 차장, 9시뉴스 앵커로 활약하다 1980년 언론통폐합으로 KBS에 이적되어 해외특집부장, 주미특파원, LA지국장, 보도국 부국장, 해설위원, 홍보실장 등을 거쳐 퇴임 후 KBS시설사업단 감사를 지냈다. 지금은 한국언론인협회 회장으로 활동하고 있다.

1965년 중앙라디오와 중앙텔레비전 그리고 중앙일보는 공동으로 두 차례에 걸쳐 김옥조金玉照 등 17명을 선발하였다.[30] 이들은 언론계, 정관계, 학계, 실업계 등에서 크게 성공한 이들이 많다. 그러나 방송기자로 활동한 이는 김경용 정도로 보인다.

김경용金慶鎔은 동양방송 중앙일보에 근무하다가 1980년 언론통폐합으로 KBS로 이적되어 외신부장, 도쿄특파원, 아시아총국장, 해설위원 등을 거쳐 한국방송협회 상임이사 겸 사무국장을 지냈다.

1966년 12월에는 3기 기자로 김동수金東秀 등 7명이, 1968년 1월에는 제4기 기자 직종에 김재봉金在鳳 등 7명이 선발되어 입사하였으나, 방송기자로 활동한 이는 거의 없는 것으로 보인다. 1968년 11월에 뽑은 5기는 고흥길高興吉 등 25명 가운데 방송기자로서 활약이 두드러지게 나타난 이들이 보인다. 그 면모를 살펴보면 다음과 같다.

고성광高成光은 입사하여 2년 정도 근무하다가 MBC가 텔레비전 방송을 시작하기 위하여 경력기자들을 스카우트할 때 이적하였다. 그에 관한 프로필은 앞에서 다루었다.

길종섭吉宗燮은 동양방송 정치부 기자로 근무하면서 앵커로도 활동하다가 1980년 언론사통폐합 조치로 KBS로 이적되어 정치부장, LA지국장, 보도부국장 겸 경제부장, 아시아총국장, 해설위원실장, 대기자 등을 거쳐 퇴임한 후 고려대학교 석좌교수 등을 지냈다. 그는 2009년 한국케이블방송협회장으로 취임하여 활약하기도 했다.

우석호禹奭鎬는 동양방송 경제부 차장을 거쳐 1980년 KBS로 이적되어 경제부장, 뉴스제작실장, 지방부장, 보도부국장, 방송심의실장, 보도국장, 해설위원 등을 역임했다. 그는 1990년 SBS 서울방송 개국 때 보도담당 이사로 옮겨가 관리이사, 상무이사 등을 지냈다. 2013년 3월 4일 별세했다.

이민희李民熙는 동양방송 기자, 정치부 차장을 거쳐 KBS로 옮겨와 각 취재부서의 차장으로 활동하다가 특집부장, 도쿄특파원, 부국장 대우 경제부장, 해설위원, 방송심의실장, 정책기획실장, 감사실장 등을 거쳐 퇴직한 후 KBS문화사업단 사장 등을 역임하였다. 그는 언론학 박사학위 소유자로 홍익대학교 광고홍보대학원 교수로서 후학들을 지도하기도 했다.

장영국張泳國은 입사 후 4년여가 흐른 뒤 문화공보부장관 비서관으로 발탁되어 근무하다 1973년 KBS 심의부 차장으로 옮겨와 심의부장, 기획부장, 편성부장 등을 거친 뒤 잠시 한국경제신문 기획실장으로 갔다. 다시 KBS로 복귀하여 방송심의실장, 종합조정실장, 라디오국장, 대전총국장, 방송연수원장, 라디오본부장, 기획조정실장, 미주한국방송(KTE) 사장 등을 역임했다.

이들 동기생 가운데 PD직으로 입사한 후 기자로 전직하여 활약한 이들은 목철수, 박정서, 최정웅 등으로 보인다.

목철수睦哲秀는 1968년 편성부 PD로 입사한 후 1970년 기자로 전직하여 동양방송 정경부, 사회부 기자로 활동하다 1980년 KBS에 이적되었다. 그는 사회부 기자로 잠시 근무하다, 그 다음 해 삼성계열회사로 갔다가 1982년 MBC 기자로 정착하였다. 문화과학부 차장, TV 심의부장 등을 거쳐 여러 차례 해설위원직에 있었다. MBC 아카데미 교수, 이사 등을 역임했다.

박정서朴政緖는 입사 후 그 다음 해 기자로 전직하여 보도부, 편집부 등에서 활동하다가 1980년 KBS로 이적되어 편집부·지방부 차장을 거쳐 통일연구부 부장, 춘천방송총국 보도국장, 영월방송국장, 보도본부 보도위원 등으로 일하다 정년퇴임했다.

최정웅崔正雄은 TV 편성국 PD로 근무하다가 기자로 전직하여 편집제작부, 사회부 등에서 기자 생활을 했다. 1980년 KBS 이적되어 편집부 차장, TV편집2부장, 경제부장, 영월방송국장, 방송위원, 보도국 부주간·주간 등을 거쳐, 국제방송국장을 역임했다. 퇴임 후에는 인천방송보도국장 등도 지냈다.

동양방송·중앙일보에서는 1969년 10월 6기 신입사원을 공개 채용하였다. 전육金堉 등 17명의 기자 가운데 장종덕 1명만이 방송기자로 활동한 것으로 보인다.

장종덕張宗德은 동양방송 보도국 사회부, 정경부 등에서 기자로 활약하다가 1980년 KBS로 이적되어 옮겼다. 그는 사회부 차장, 월드뉴스부 차장 등을 지내다가 강릉방송국 보도부장으로 근무하다 본사로 올라와 정년퇴임했다. 2011년 9월 5일 별세했다.

DBS 동아방송의 기자

동아방송에서 활약하던 기자들을 일목요연一目瞭然하게 정리하기에는 퍽 어려움이 따른다. 고증을 통하여 정확하게 기록하기란 생각보다 쉽지 않은데, 그 배경에는 몇 가지 요인이 내재되어 있다. 우선 동아방송국이 동아일보사 산하의 편집국처럼 하나의 국局 단위이기 때문에 방송기자들은 방송국 소속이 아닌 편집국 아래의 부서로 존치되어 있었다. 1960년대 발행되었던 『방송연감』 2년 치(1965년, 1966년)를 보면, 방송기자는 동아일보사 편집국 '방송뉴스부' 소속으로 되어 있다.[31] 또한 개별 기자를 추적하다 보면, 방송기자로 입사하여 신문 매체로 이동하거나 그 반대로 신문기자로 입사하여 방송 쪽으로 전향하기도 했다. 이러한 정책은 신문 방송 겸영 회사로서 경제적 효율성을 고려한 경영방침의 일환이라고 할 수 있을 것이다.

이러한 대표적인 사례를 최동호崔東鎬를 통하여 볼 수 있다. 『한국언론인물사전』(한국언론재단, 2008년)에는 '1964년 동아일보 입사, 1965년 지방부, 1970년 동아방송 뉴스취재부'로 기록되어 있는 반면, 『동아방송사』(동아일보사)에는 '1970. 10 기자(방송뉴스부, 뉴스2부), 보도제작부 차장'으로 기재되어 있다. 따라서 신문기자에서 방송기자로 전향한 것이 1970년이기 때문에 본서의 수범 범위를 벗어난 경우라 할 수 있다. 최동호는 널리 알려진 대로 1980년 언론통폐합으로 KBS로 이적되어 9시뉴스 앵커로 명성을 날렸으며 보도본부장, 부사장을 지낸 후 퇴임하여 세종대학교에서 대학원장, 총장(사이버대학교), 이사장 등을 지내기도 했다.

또 다른 원인으로는 사료의 빈곤貧困을 들 수 있다. 저자가 1차적으로 참고한 문헌은 『동아방송사』와 『동아일보사(3권)』(1960~1970년)이고 2차적으로는 한국방송사 관련 서지書誌에 『방송연감』를 더한 정도일 뿐이다. 특히 『방송연감』 '동아방송' 편의 직원명부에는 프로듀서, 아나운서, 엔지니어 등과 달리 방송기자 명단은 실려 있지 않은데, 이는 방송기자가 편집국 소속이었기 때문인 것으로 보인다.

동아방송 기자를 기록하면서 1970년대에 중도 퇴사(『동아방송사』 표기)한 사례가 비일비재한데, 이것은 동아사태로 인한 강제 해직에 따른 결과로 보인다. 1974년 12월 박정희 유신 정권의 언론 탄압으로 동아일보에 광고를 내기로 했었던 회사들이 무더기로 해약하고, 동아일보 계열사인 동아방송에도 사태의 영향력이 퍼져서 이듬해 1월 11일 보도 프로그램 광고가 무더기로 해약되었다. 그로 인해 방송 광고 없이 프로그램을 진행하거나 몇몇 방송 프로그램은 아예 폐지되고, 심지어는 전체 방송 시간이 단축되는 일까지 벌어졌다. 광고를 평상시처럼 싣지 못한 동아일보 백지광고 사태는 무려 7개월간 이어져, 동아일보와 동아방송에 경영난을 가져왔다. 결국 동아일보 경영진이 당시 박정희 대통령의 군사독재에 반대하는 시위에 나갔던 직원들을 강제로 해고함으로써 사태가 종결되었다. 당시 해고당한 직원들은 동아자유언론수호투쟁위원회를 결성하여 민주화 운동에 나섰다.

1963년 4월 개국 당시 기자 직종은 '뉴스실'로 직제가 되어 있다. 그 뉴스실은 실장 아래에 차장, 사원, 견습으로 표기하고 있는데, '사원'은 평기자들을, '견습'은 공개 채용한 신입 기자를 일컫는 것으로 보인다. 『동아방송사』에 기록된 내용을 원문대로 인용하면 다음과 같다.[32]

■ 뉴스실 실장　　고재언

　　　　차장　　박정하

사원	이정석, 배종우, 이석렬, 정영복, 홍선주,
	노상국, 서병현, 박미정, 노창용, 윤명중,
	서행식
견습	이승, 최종철, 윤기병, 노승주, 박인섭,
	김일수, 박창래, 김지자

고재언高在彦은 1952년 동아일보 기자로 입사하여 문화부 차장을 거쳐 1963년 동아방송 개국 당시 부장급인 뉴스실장을 맡아 방송보도를 관장했다. 1965년 1월 직제개편에 따라 뉴스실이 동아일보 편집국으로 흡수되어 편집국 뉴스부로 승격되었다. 그는 뉴스부장으로 발령 받았는데, 편집국에서 취재한 기사를 가지고 뉴스부에서 뉴스와 시사 프로그램을 제작 방송하였다.[33] 신문사 편집국 사회부장, 조사부장을 거쳐 방송뉴스 담당 부국장을 지낸 뒤 기획조정실 실장, 총무국장 등을 역임하였다. 위의 명단에는 빠져있으나 **이원재**李元載는 개국요원으로 경향신문 차장 시절 스카우트되었다. 뉴스실 차장으로 2년여 근무하다 1965년 6월 현대경제일보 창간 경제부장 겸 부국장을 거쳐 경향신문으로 돌아가 편집2국장, 판매국장 등을 지냈다.

박정하朴正夏는 1953년 연합신문 기자로 언론계에 입문하여 1963년 동아일보 방송뉴스부 차장을 거쳐 뉴스부장, 출판국 출판부장, 편집국 조사부장, 방송국 운행부장 등을 지낸 뒤 오랫동안 해설위원을

┃ 동아방송국 사옥 전경(광화문 동아일보사)

지냈으며, 1980년 KBS로 옮겨와 전문위원으로 근무하다 퇴임했다.

이정석李貞錫은 1954년 조선일보 수습기자 1기로 입사하여 활동하다 1963년 동아방송(DBS) 개국요원으로 스카우트되어 방송기자 생활을 시작했다. 그는 방송기자로 동아방송에서 〈DBS리포트〉, 〈라디오석간〉, 〈라디오조간〉 등으로 방송저널리즘의 지평을 열어갔다. 그는 1971년 9월 동아방송 뉴스부장에서 그 당시 윤주영 문화공보부 장관과 최창봉 KBS 중앙방송국장의 권유로 국영방송 KBS 보도부장(현 보도본부장)으로 자리를 옮겼는데, 이는 곧 별정직 2급인(지금의 3급) 부이사관으로 임명되어 국영방송 KBS의 보도 책임자가 된 것이다.

이정석은 보도 책임자 자리에서 물러난 후에는 국제 뉴스와 해외 방송 분야에서 활동했다. 그는 런던특파원, 국제방송국장, 워싱턴지국장, 서울올림픽방송본부장 등 탁월한 국제 감각으로 국내외 방송 관련 업무를 수행했다. 그는 레이건 대통령 등 각국 수뇌와 단독 회견을 하기도 했으며, 서울올림픽 주관방송사의 최고사령탑으로서 세계 최고의 올림픽을 치러내는 기틀을 마련하기도 했다. 이정석은 그후 임원직인 기획조정실장, KBS제작단 사장 등을 역임했다. 그의 방송저널리스트로서의 생애는 다음 4장에서 상세히 다루겠다.

배종우裵宗禹는 1956년 공보부 방송관리국으로 들어와 KBS 편성과 PD로 근무하다 1963년 동아방송 개국 시에 뉴스실로 옮겨왔다가 제작과, 편성과장, 편성부 차장, 편성부장 등을 지낸 후 퇴사하여 미국으로 이민을 떠났다.

이석렬李錫烈은 1958년 연합신문 기자로 언론계에 진출하여 서울신문을 거쳐 1963년 동아방송 뉴스실로 옮겨왔다. 그는 방송뉴스부·

기획부 차장을 지낸 후 사이공·도쿄특파원을 거쳐 해설위원, 동아일보 외신부장을 지내고 퇴사한 후 미국으로 이주하였다.

정영복鄭泳福은 1961년 동화통신 등을 거쳐 동아방송 뉴스실 기자로 입사하여 방송뉴스부 차장, 문화부 차장, 논설위원, 기획위원 등을 지냈다.

홍선주洪善霍는 방송뉴스부·방송뉴스 편집부·보도제작부 차장 등을 거쳐 심의실 심의위원을 지냈다.

노상국盧相國은 방송뉴스실로 입사하여 활동하다 심의위원을 지내고 퇴사한 후 전자신문 편집국장, 상무이사 등을 역임했다.

서병현徐炳鉉은 1957년 경향신문 1기 견습기자로 언론계에 입문하여 활동하다 1963년 동아방송 뉴스실로 옮겨 뉴스부 차장, 정경부장, 방송위원, 주일특파원 등을 거쳐 1980년 KBS로 이적되어 방송위원, 방송심의실 라디오심의부장, 국제방송국 전문위원 등을 지내다 정년퇴임했다.

박미정朴美禎은 1959년 동화통신 기자를 시작으로 언론계에 입문하여 서울신문을 거쳐 동아방송 개국 요원으로 참여했다. 그는 방송뉴스부 차장, 보도제작부장, 사회문화부장을 지낸 뒤 1980년 언론통폐합으로 KBS로 옮겨와 사회교육방송국장, 광주총국장, 방송연수원장, 대전총국장, 뉴미디어위원장, 부산방송본부장을 끝으로 정년퇴임했다.

노창용盧暢龍은 뉴스실 기자로 일하다 1968년 퇴사했다.

윤명중尹銘重은 입사 1년 후인 1964년 동양방송으로 이적했으며, **서행식**徐幸植은 입사 후 얼마 지나지 않아 퇴사한 것으로 나타나 있다.

이승李昇은 견습기자로 입사하여 보도제작부장, 방송위원을 거쳐 1980년 KBS로 이적하여 방송위원, 외신부장, 라디오편집 부국장, 해설위원, 강릉·여수방송국장 등을 역임했다.

최종철崔鍾哲은 뉴스실 기자로 들어와 정경부 차장, 보도제작부장, 정경부장, 동아일보 체육부장, 사회부장, 편집부국장, 도쿄지사장, 심의실장 등을 지낸 후 SBS 스포츠보도 상무로 옮겨가 몇 년 후에 SBS 전무이사가 되었다.

윤기병尹奇炳은 입사 1년 후에 중앙일보로 이적하여 기자 생활을 하다 관계로 진출했다.

노승주盧承周는 방송뉴스실, 방송뉴스부에서 기자로 일하다 1971년 퇴사하였다.

박인섭朴寅燮은 방송뉴스부 기자로 활동하다 1968년 월남특파원으로 파견되었다.

김일수金一洙는 제네바·테헤란·홍콩특파원을 지내고 외신부 차장, 심의위원, 제2사회부장, 편집위원, 편집부국장 등을 역임했다.

박창래朴昌來는 입사 초기에 방송뉴스실, 방송뉴스부에 근무하다 1966년부터 동아일보 외신부, 경제부, 외신·경제부 차장, 논설위원,

런던특파원, 편집국장대우 부국장, 심의실장, 외사실장 등을 거친 다음 동아일보를 떠나 문화일보 수석논설위원, 이사대우 편집국장, 논설주간 이사 등을 역임했다.

김지자金智子는 방송뉴스실, 방송뉴스부, 소년동아부, 방송뉴스부 등에서 기자로 활동했다. 그는 1965년 7월 방송전문지에 "전국적으로 방송 여기자가 몇 명이나 된다고 장담할 처지는 아니지만 '한국에 방송 여기자가 꼭 한 사람 있답니다'라고 떠들어 본다면 이건 자가 PR을 겸한 지나친 독선일까?"라고 기고한 바 있다.[34] 그는 1971년 8월 퇴사했는데, 나중에 서울교육대학교 교수로 봉직했다.

이 밖에도 『방송연감 '65』와 『동아방송사』의 '인명록'를 섭렵하여 볼 수 있는 기자는 다음과 같다. 백광남, 유병무, 신상현, 최재호, 김택환 등이다.

백광남白光男은 1960년 동아일보 기자로 입사하여 방송뉴스부 등을 거쳐 월남특파원으로 활동하다 1966년 11월 순직했다.

유병무劉秉武는 1961년 동아일보 기자로 입사하여 서울신문을 거쳐 재입사하여 방송뉴스부 기자를 한 것으로 보이며, 1978년경부터 중앙일보 월간부장, 여성부장 등을 지내다 1980년대에 별세했다. 『동아방송사』의 '인명록'에는 '병秉'을 '겸兼'으로 오기하였다.

신상현申相鉉은 1957년 서울신문사 기자로 언론계에 입문하여 1963년 동아방송 기자로 스카우트되어 방송뉴스2부 차장과 부장,

사회문화부장을 거쳐 주일특파원으로 도쿄지사에 근무한 뒤에 부국장 대우 시절인 1980년 언론통폐합으로 KBS에 이적되어 보도담당 방송위원, 방송심의위원으로 재직하다 정년퇴임했다.

최재호崔在浩는 'KBS 편'에서 언급한 바 있지만 1963년 9월 동아방송 기자로 옮겨와 사회문화부 차장, 심의부장을 거쳐 1980년 언론통폐합으로 다시 KBS로 이적되어 심의실, 심의위원 등을 지내다 퇴직했다. 『동아일보사(3권)』에는 1963년 9월에 입사하여 1980년 11월 이직한 것으로 되어 있다.

김택환金澤煥은 1960년 공보부 산하 방송문화연구실로 방송계에 입문하여 1964년 9월 동아방송 기자로 스카우트되어 활동하다가 1973년 KBS로 옮겨와 보도위원, 방송앵커 등으로 일하기도 했다.

유인목俞仁穆은 1964년 8월 1일 일본 주재 특파원으로 임명되었는데, 그는 그 당시 일본 NTV의 초청으로 일본에 체류하고 있었다.[35] 귀국 후에 방송뉴스부 차장을 지낸 후 1971년 9월 KBS로 이적하여 이정석 보도부장 시절 차장으로 재임하다 KBS 도쿄특파원으로 파견되기도 했다.

1965년 7월에 입사한 이로는 강황석, 김기표, 김명걸, 김병일, 김종진, 이경문, 정출도 등이 『동아방송사』 문헌에서 볼 수 있다. 그 해 9월에는 최시중, 장순재 등이, 12월에는 이광석이 기록되어 있다. 위의 사사社史에 기록된 이들을 가나다순으로 좀 더 살펴보면 다음과 같다.

강황석姜晃釋은 동아일보 편집국 방송뉴스부 기자로 입사하여 정경부 기자를 거쳐, 정경부 차창 시절 언론통폐합으로 KBS로 이적되었다. KBS에서 보도본부 라디오경제부장과 해설위원을 지내다가 1983년 동아일보사 논설위원으로 돌아갔다.

김기표金基杓도 1965년 7월 방송에 입문하여 방송뉴스부에서 기자로 활동하다가 1976년 6월 퇴사하였다.

김명걸金命傑도 입사하여 방송뉴스부에서 근무하다가 1975년 3월 해직되어 동아자유언론수호투쟁위원회 위원으로 활동한 후 1987년 한겨레신문 창간발기인으로 참여하였다. 한겨레신문에서 편집부위원장, 논설위원, 총괄담당이사 등을 거쳐 대표이사를 역임하기도 했다.

김병일金丙一도 같은 해 7월 수습기자로 입사하여 방송뉴스부에서 활약하다가 1974년 1월 퇴사했는데, 동아사사에는 1983년 작고한 것으로 나와 있다.

김종진金鍾眞 역시 방송기자로 입사하여 방송뉴스부에 근무하다가 1970년 12월 퇴사하였다.

이경문李庚文도 1965년 7월 입사하여 방송뉴스부를 거쳐 사회부, 정치부, 기획부 등에서 신문기자로 활동하다 1974년 퇴임하였다. 퇴임 후 그는 관계로 진출하여 문화공보부 해외홍보관, 청와대 문화비서관, 문화체육부 차관, 국립도서관장, 한국관광공사 사장 등을 역

임하기도 했다.[36]

정출도丁出道는 방송뉴스부 수습기자로 입사한 후 1968년 신동아부 기자로 옮겨 주로 활동하다가 조사연구실 여론조사부장, 여론독자부장 등을 역임하면서 30년간 동아일보에 재직했다.

최시중崔時仲은 『동아방송사』에 의하면 1965년 9월 방송뉴스부 기자로 입사하여 1969년 정치부로 전출된 것으로 기록되어 있으나 『한국언론인물사전』에는 1964년 동양통신기자로 입문하여 1965년 동아일보 정치부 기자로 옮겨 정치부 차장, 부장, 논설위원 등을 거쳐 퇴임하여 한국갤럽조사연구소장 시절 이명박 정부에서 초대 방송통신위원장을 역임하였다.

장순재張淳在는 방송뉴스부 기자로 입사하여 사회문화부장, 해외부장을 거쳐 1980년 언론통폐합 조치로 KBS로 이적해 방송위원, 해설위원, 보도위원, 라디오24시 부장, 상파울루 지국장, 공주국장 등을 역임하였다. 퇴직 후에는 시사평론가, 프리랜서 MC로 활약하였다. 2012년 5월 별세했다.

이즈음에 활동했던 홍승국, 이병대 등 두 기자를 기록하려고 한다. 문헌마다 차이가 나타나 구체적으로 명확하게 정리하기는 쉽지 않지만, 이들은 1980년 언론통폐합으로 KBS로 이적되어 정년퇴임까지 방송인으로 일했다.

홍승국洪承國은 대한일보 기자 시절인 1965년 동아일보 편집국으로 이적하여 지방부 등에 근무하다가 방송뉴스부로 옮겨 방송기자로 활약하였다. 그는 사회문화부 차장을 거쳐 KBS로 넘어와 보도본부 라디오제작부장, 라디오특집부장을 거쳐 방송문화연구소 조사실장, 방송연수원 교수 등을 지내다 정년퇴임했다.

이병대李炳大는 1965년 동아일보 기자로 입사하여 1970년 방송뉴스부로 옮겨 보도제작부 차장을 지냈다. 그는 1980년 언론통폐합으로 KBS로 이적되어 라디오제작부장, 보도본부24시 담당부장, 기획실장, 안동국장, 제주총국장, 사회교육방송국장 등을 역임한 후 정년퇴임으로 방송계를 떠났다.

1966년 1월 수습으로 나타나 있는 기자로는 강종수, 김정서, 문준호, 유탁, 장성원, 조강환, 황선표 등이 보인다. 한중광은 4월 수습으로 나타나 있다.

강종수姜宗洙는 1966년 1월 방송뉴스부에 수습기자로 입사하며 2년 정도 근무하다 1967년 12월 퇴사하였다.

김정서金正瑞는 방송뉴스부 기자로 일하다 얼마 후에 신문 매체인 동아일보 기자로 쭉 활동하였다. 해외순회 특파원, 홍콩특파원, 외신부장, 논설위원 등을 역임하였다.

문준호文俊皓는 방송뉴스부에서 수습을 거쳐 기자 생활을 하다 조사부 차장을 지낸 것으로 『동아방송사』에는 기록되어 있으나 『한국언론인물사전』(2008년)에는 그의 이름이 없다.

유탁劉鐸은 방송뉴스부 기자를 거쳐 1968년 3월 동아일보 사회부 기자를 시작으로 경제부, 정치부 차장대우, 제2사회부 차장, 편집위원 등을 역임한 후 퇴사하여 전자신문 편집국장을 지냈다.

장성원張誠源은 방송뉴스부 기자로 입사하여 경제부처를 출입하다 1975년 해직되었다. 그는 1981년 동아일보에 재입사하여 경제부 차장, 일본특파원, 경제부장, 논설위원, 편집부국장, 조사연구실장 등을 지냈다. 퇴임 후에는 몇 차례 국회의원을 역임했다.

조강환曺康煥은 방송뉴스부 기자로 입사하여 1980년 사회부 차장을 거쳐 조사부장, 생활부장, 논설위원 등을 지냈다. 퇴임 후에는 방송위원회에 관여하여 심의위원, 방송위원회 위원, 부위원장 등을 역임했다.

황선표黃善杓는 방송뉴스부 기자로 입사하여 활동하다가 1977년 관계로 진출하여 해외공보관으로 오스트리아, LA, 독일 등에서 근무했으며 문화공보부 공보국장, 청와대 정무비서관 등을 거쳐 한국언론연구원장을 지냈다.

한중광韓重光은 1966년 4월 수습기자로 입사하여 방송뉴스부에 근무하다가 1973년 KBS로 이적하여 보도국 차장, 부장(수도관뉴스부, 사회부, 문화부 등), 파리특파원, 국장급 해설위원, 통일방송연구소장 등을 거쳐 한국방송협회 사무총장, KBS인터넷 사장 등을 역임했다.

『동아방송사』에 1967년 1월로 기록된 이는 김창수, 박응칠, 이창홍 등이다. 그 해 2월에 노상우, 그 해 10월에 상기문, 11월에는 백환기, 양동표, 천승준 등이 입사했다.

김창수金昌洙는 수습요원으로 입사하여 방송뉴스부 기자로 활동하다 제작1부, 편성부 등에 근무하다 1975년 3월 퇴사했다.

박응칠朴應七은 1965년 현대경제 기자로 입문하여 1966년 동아일보 사회부 기자로 옮겼다. 그는 그 다음 해 1월 방송뉴스부 기자로 활약하기 시작하여 사회부, 정경부 기자를 거쳐 중남미(브라질)특파원으로 파견되었다. 특파원 시절 언론통폐합으로 KBS로 이적되어 남미특파원 상파울루지국장 등을 거쳐 보도본부 문화부장, 대전총국장, 해설위원 등을 지내다 퇴임하였다.

이창홍李昌弘은 방송뉴스부로 입사한 후 제1과, 제작1부 등에 근무하다 1970년 5월에 퇴사했다.

노상우盧常愚는 1967년 2월 방송뉴스부 기자로 입사하여 차장을 거쳐 심의위원을 지낸 후 1974년 3월 퇴사했다.

상기문尙基文은 1967년 10월 방송뉴스부 기자로 입사하여 활동하다가 1975년 7월 퇴사했다.

백환기白桓基는 1967년 11월 수습기자로 입사하여 방송뉴스부에서 근무하다 1980년 8월 퇴사했다.

양동표梁東彪는 1967년 11월 방송국 수습으로 입사하여 제작2과, 방송뉴스부 등 부서에서 근무하다 1973년 5월 퇴사했다.

천승준千勝俊은 1967년 11월 동아방송 정경부 기자로 입사하였다. 그는 문학평론가로 문단에 등단한 후 문화방송 개국 프로듀서로 입사하여 활동하다 전남일보 논설위원을 역임했다. 얼마 후 동아방송으로 이적하였는데, 여기에서 보도제작부 차장, 해외부장, 방송위원 등을 지냈다.

역시 『동아방송사』에는 1968년 1월에 방송기자를 시작한 이로는 문대탄, 박병서, 이문조 등이 보인다. 그 해 3월에는 김봉호, 김현정, 7월에는 김태진, 11월에는 고준환, 송경선, 진기호 등이 나타나 있다. 12월에는 이광이 방송기자로 입사한 것으로 되어 있다.

문대탄文大彈은 방송뉴스부 기자로 입사하여 외신부 등에 근무하다 1973년 퇴사한 후에 제주신문 논설위원 등을 역임했다.

박병서朴秉瑞는 방송뉴스부 기자를 거쳐 문화부, 출판국 편집위원, 뉴미디어 편집위원, 여론독자부 편집위원 등을 지냈다. 그는 이미 한 해 전인 1967년 동아일보 기자로 입문했다.

이문조李文祚는 방송뉴스부, 정치부 기자를 거쳐 1980년 KBS 경제부 차장을 지낸 후 동아일보 기자로 복귀하여 정치부 차장을 역임했다. 그는 1984년 관계로 진출하여 유엔대표부 공보관 등 해외 여러 나라에서 근무했다.

김봉호金奉鎬는 방송뉴스부로 입사하여 동아일보 사회부 기자, 차장, 부장, 과학부장, 호남취재본부장, 심의실장 등을 거쳐 퇴직한 후 한국프레스센터 이사 등을 역임했다.

김현정金現廷은 방송뉴스부 기자를 거쳐 사회문화부 차장을 역임한 후 1980년 언론통폐합으로 KBS로 이적되어 조사자료부장, 라디오 제작부장, 여수방송국장, 전주방송총국장 등을 거쳐 퇴직했다. 이후 바둑TV 사장을 지내기도 하였다. 2014년 7월 별세했다.

김태진金泰振은 제작부로 입사하여 방송뉴스부에 근무한 것으로 『동아방송사』에 나타나 있다. 그러나 1975년 3월 해직되어 출판사를 경영했으며, 2004년에는 지역신문발전위원회 위원장을 역임하기도 했다.

고준환高濬煥은 1968년 11월 방송뉴스부 기자로 입사하여 방송뉴스부, 제작1부 등에서 근무하다가 1975년 3월 퇴사하였다.

송경선宋炅璿은 방송뉴스부에 입사하여 1970년 3월에는 편집부에 근무한 것으로 『동아방송사』에 기록되어 있다.

진기호陳基浩는 방송뉴스부에 입사한 후 채 1년도 안 된 1969년 8월 퇴사하였다.

이광李光은 12월에 방송국에 입사하여 편성부, 사회문화부 등을 거쳐 1980년 언론통폐합으로 KBS로 이적했다가 1990년부터는 불교방송국 편성제작부장, 보도국장 등을 역임했다.

『동아방송사』의 '동아방송국사원 인명록'을 살펴보면 1969년 3월에 문영희, 12월에 이영록이 입사한 것으로 기록되어 있다.

문영희文永熹는 방송뉴스부 기자로 입사하여 활동하다가 1975년 3월 해직되었다. 그는 동아자유언론수호투쟁위원회 위원장, 한겨레신문 편집위원, 판매국장, 관리국장 등을 역임하고 퇴직 후에는 경기일보 주필을 지내기도 했다.

오정환吳正煥은 『동아방송사』에는 뉴스2부 기자로 입사하여 활동하다가 1975년 10월 퇴사한 것으로 나타나 있다.

이영록李永錄도 마찬가지로 『동아방송사』의 기록에 의하면 편집국 수습으로 입사하여 방송뉴스2부에서 활동하다가 1975년 3월에 퇴사한 것으로 되어 있다.

CBS 기독교방송의 기자

기독교방송은 국영방송 KBS나 상업방송 MBC 등과는 비교되지 않을 정도로 기자 인력이 소규모 수준이다. 특히 1960년대의 상황에서 고찰해 볼 때 기독교방송으로서는 초창기이기 때문에 그러한 현상이 더욱 짙을 것이다. 그러나 최초의 민간방송인 데다, 지역 네트워크를 형성한 중앙국이기에 간략하게라도 다루려고 한다.

기독교방송이 뉴스를 자체적으로 방송한 것은 1958년 2월 1일부터다. 이는 1954년 12월 방송사를 창설하여 3년이 지나서야 보도방송을 시작한 것이다. 창사 초기에는 KBS 뉴스를 매일 15분간씩 받아 중계 방송했으나 독립된 방송국으로서 자체 뉴스를 방송해야 한다는 자성과 여론에 따라 방송 방법을 바꾸게 되었다.

그러나 이 자체 뉴스는 뉴스를 직접 취재하여 방송한 것이 아니라 통신사와 제휴하여 통신사의 뉴스를 받아 낭독하는 형식이었다. 그 당시 제휴사는 동화통신이었는데, 오후 두 차례 15분씩 방송했다.[37] 이러한 현상은 오랫동안 지속되었는데, 1966년 10월 17일에는 조선일보와 제휴하여 조선일보의 일선 기자들이 취재한 뉴스를 필요에 따라 방송할 수 있었다. 따라서 〈조선일보 뉴스〉는 하루에 네 차례 방송을 하다 차츰 늘어났다

1960년대 기독교방송보도의 특징은 몇 가지로 함축할 수 있을 것이다. 첫째는 종교방송을 표방하고 출발해서인지 자체 뉴스 방송이 지체된 데다 상당히 적었다는 사실이다. 둘째로는 그럼에도 불구하고 1960년의 봄, 4·19혁명을 전후해서는 기독교방송 방송인력이 총동원되어 보도방송에 앞장서 민간방송의 위상을 크게 제고시켰다. 상대적으로 하나뿐인 방송국, KBS가 정부의 통제 속에 갇혀 있었기 때문에 더욱 그런 현상이 두드러졌다고 할 수 있다. 셋째로 30분부터 뉴스를 방송하도록 편성하거나, 뉴스 방송에 시그널 음악을 사용한 점 등은 대규모 방송사와 차별화되는 발상으로 바람직한 정책이라고 할 수 있다.

이상과 같은 기독교방송의 특수한 상황을 인지하면서 그 당시 활동했던 기자들을 탐구하려고 한다. 우선 『CBS 50년사』를 기반으로

하되, 그 당시 발행되었던 방송 전문지지專門紙誌를 참고하면서 방송역사 문헌 등을 섭렵하며 기자 인명록을 재현시켜 보고자 한다.

기독교방송에서 보도계가 신설된 것은 1960년 6월 1일이다. 4·19혁명으로 보도방송의 주가를 높인 기독교방송은 창사 후 처음으로 보도부서를 신설하여 방송부 내에 보도계를 만들어 그 자리에 아나운서로 활동하던 최준영을 임명했다. 그 후 1961년에 아나운서 조병해가 잠깐 기자로 활동했고, 1963년에는 염영식이 들어왔으며, 1966년 3월에는 수습기자 최종 합격자로 김권흠(서울대학교), 박대웅 (연세대학교), 권중근(한국외국어대학교), 김진기(성균관대학교)[38] 등이 입사하였다. 그러나 『CBS 50년사』에는 권중근의 기록이 없으며, 그 해 11월에 박인석이 입사해 합류한 것으로 나타나 있다. 기독교방송에서는 이들을 기자 1기생으로 불렀다. 『CBS 50년사』에는 "1966년 현재의 보도진은 보도과장 최준영, 정두진, 김진기, 박인석, 김영일, 염영식, 박대웅, 김권흠, 김학순 등 9명이었다"[39]고 기록되어 있다. 원문 순서대로 이들 기자의 프로필을 기술하면 다음과 같다.

최준영崔埈英은 1958년 아나운서로 입사하여 활동하다가 1960년 4·19혁명 당시 보도 실무를 담당한 공적을 인정받아 그 해 6월 보도계가 신설되자 곧바로 계장이 되었다. 그는 1929년생으로 연세대학교 정치외교학과를 졸업하고 군방송 아나운서로 방송계에 입문한 후 기독교방송으로 이적하여 활동하다가 기자로 전직하였다.

그는 1964년 4월 보도계가 보도과로 승격되자 과장이 되었다. 그는 「방송」지와의 인터뷰에서 "보도원의 임무란 항상 정확한 사태의 파악과 자기 위치의 파악으로 엄정한 중립의 입장에서 자기감정을 억제하고 왜곡된 보도를 지양해야 할 것"이라고 밝힌 바 있는데,[40] 한국언론재단이 2008년 발간한 『한국언론인물사전』에는 그의 이름이 등재되어 있지 않다.

조병해趙炳海는 1961년 5·16 군사정부에서 국가재건최고회의에 출입기자를 파견해 달라는 요청을 받고 회사의 명령에 따라 기자로서 활동을 한 바 있다. 그는 1959년 10월 KBS 아나운서로 합격하여 근무하다가 몇 달 후인 1960년에 기독교방송으로 이적했는데, 아나운서실장을 거쳐 상무까지 지냈다.[41]

염영식廉英植은 1963년에 입사하여 최준영 과장 아래 단독 기자로 활동했다. 그는 1965년 방송신문에 기독교방송 기자가 3명이라고 밝힌 글이 보이는데,[42] 그중 한 명이 정두진으로 추정된다. 염영식은 1966년 『방송연감』에는 등재되어 있으나 1971년도 연감에는 보이지 않는다.

정두진鄭斗鎭은 1964년 기자로 입사한 것으로 『한국언론인물사전』에 기록되어 있다. 그는 정치부 차장, 정치부장, 사회문화부장을 거쳐 1980년 언론통폐합으로 KBS로 이적되어 라디오정치부장, 제주총국장, 해설위원 등을 지냈다. 그 뒤 기독교방송으로 복귀하여 보도국장, 해설위원장, 방송본부장 겸 경영본부장 상무, 전무이사 등을 역임했다.

김진기金鎭基는 정치부 차장, 편집·정치부장 등을 지낸 후 KBS로 이적되어 방송위원, 홍보부장, 보도부국장 겸 정치부장, 라디오제작 주간, 보도본부 해설위원 등을 거쳐 미주총국장, 워싱턴총국장을 역임하고 귀국하여 해설위원, 전문기자 등으로 활동하다 정년퇴임을 했다.

박인석朴仁錫은 사회부·정치부·경제부 차장 등을 거쳐 사회문화부장 시절인 1980년 해직되었다가 1985년 방송위원회로 복직되어 조사·기획·심의1부장 등을 지냈다. 이후 그는 1989년 기독교방송으로 돌아와 편집제작부장, 해설위원, 이리방송부본부장, 전북방송본부장 등을 역임했다.

김영일金榮一은 『한국언론인물사전』에 따르면 1965년에 입사하여 근무하다가 1970년 동양방송 보도국으로 옮겼으며, 1980년 KBS로 이적되어 체육부장을 거쳐 스포츠 제작·취재부장, 스포츠제작위원, 방송위원, 대전보도국장, 방송심의위원 등을 지낸 뒤 정년퇴임했다.

박대웅, 김권흠, 김학순 등은 『CBS 50년사』의 퇴직자 현황에서나 『한국언론인물사전』, 『한국방송연감 '71』 등에도 기록되어 있지 않다.

기독교방송의 1960년대 기자 인물사를 기술하면서 다음의 몇 사람을 짚어본 후, 차후에 보완되기를 바란다.

김기석金基奭은 1965년 아나운서로 입사하여 기자로 전직했는데, 몇 년도부터 기자로 활동했는지 기록이 없다. 부산, 대구 보도부장을 거쳐 본사로 올라와 편집·사회·제작부장 등을 지낸 후 1980년 KBS로 이적되어 방송·보도·해설 위원 등을 거쳐 공주국장, 총무국장 등을 역임한 후 정년퇴임했다.

이 밖에도 지역국에서 기자로 입사하여 1970년 전후에 본사 보도부로 올라와 기자로 크게 활약한 이들이 많다. 이정일李正一, 한국명韓國明, 문기호文基浩 등이 대표적인 사례다.

기독교방송은 1970년 5월 1일 보도과를 보도부로 승격시켜 보도 프로그램을 강화하여 청취자들로부터 뉴스의 신뢰도를 크게 높였다. 이 해에 입사한 기자들이 윤기로尹起老, 박기의朴基義, 박남훈朴南勳, 김운라金雲羅, 강욱중姜旭中 등인데 이들은 1980년 신군부의 언론통폐합 조치로 KBS로 이적된 후 왕성한 활동을 펼쳤다.

제3장 미주

1 방송 편집부, '〈듣는 신문〉의 효시 −KJ의 라디오 석간−', 「방송」 제8호, 1964년 9월 11일, p2.

2 방송 편집부, '문화방송 직제 개정, 부를 국으로 과는 부로', 「방송」 제46호, 1965년 9월 4일, p2.

3 방송 편집부, '나의 포부 나의 설계 −민유동 방송관리국장을 찾아서', 「방송」 제72호, 1966년 4월 18일, p2.

4 방송 편집부, 'JBS는 사명칭 변경', 「방송」 제84호, 1966년 8월 22일, p2.

5 염영식, '빙송기자석', 「방송」 제47호, 1965년 9월 11일, p3.

6 방송 편집부, '문화방송 보도과를 보도부로', 「방송」 제38호, 1965년 7월 10일, p2.

7 주간방송 편집부, '모두 39명이 합격 −KBS 아나운서·기자·기술원', 「주간방송」 제70호, 1961년 5월 14일, p2.

8 한국방송문화협회, 『KBS 연감(창간호, 1962)』, 1961년 12월, p434.

9 노정팔, 『한국방송과 50년』, 나남출판, 1995년, p372.

10 한국방송회관, 『한국방송연감 '71』, 1970년, p435.

11 조선일보, 2012년 4월 30일 자 부음란 참조.

12 방송문화 편집부, '서종화 기자는 월남에', 「방송문화」 제1권 제2호, 1968년 4월, p21.

13 한국방송인협회, 『방송연감 '66』, 1966년, p54.

14 「방송문화」 제1권 제2호, 1968년 4월, p24.

15 김성호, 『장기범 평전 −사람이 곧 방송이다』, 지식산업사, 2007년, pp119~120.

16 한국방송공사, 『한국방송사』, 1977년, p399.

17 앞의 책, p371.

18 방송 편집부, '신규 채용자도 발령', 제77호, 1966년 6월 6일, p3.

19 노정팔, 앞의 책, pp554~555.

20 노정팔, 앞의 책, p652.

21 문화방송, 『문화방송 30년사』, 1992년, p1206.

22 주간방송 편집부, 'KV요원 합격자를 발표', 「주간방송」 제74호, 1961년 6월 11일, p2.

23 문화방송, 앞의 책, 1992년, p1245.

24 정진석, 『한국언론인물사전 1883~2009』, 한국언론재단, 2008년, pp290~291.

25 방송 편집부, 'MBC 사원 모집 합격자 발표', 「방송」 제24호, 1965년 2월 21일, p3.

26 문화방송, 앞의 책, pp310~311.

27 중앙일보, 『중앙일보 20년사 -부: 동양방송 17년사』, 1985년, p965.

28 앞의 책, p715.

29 방송 편집부, 'DTV 아나운서진 결정', 「방송」 17호, 1964년 12월 11일, p7.

30 방송 편집부, '중앙 3사 합동 수습사원 합격 발표', 「방송」 57호, 1965년 11월 20일, p3.
   중앙일보, 『중앙일보 20년사 -부: 동양방송 17년사』, 1985년, p965.

31 한국방송사업협회, 『방송연감 '65』, 1965년, p397.
   한국방송인협회, 『방송연감 '66』, 1966년, p207.

32 동아일보사, 『동아방송사』, 1990년, p77.

33 방송 편집부, 'DBS 뉴스실 편집국 뉴스부로 승격, 부장에는 고재언 씨', 「방송」 제21호, 1965년 1월 21일, p3.

34 김지자, '방송기자석', 「방송」 제41호, 1965년 7월 31일, p3.

35 방송 편집부, 'DBS 유인목 기자 일본특파원', 「방송」 제3호, 1964년 7월 21일, p3.

36 정진석, 『한국언론인물사전 1883~2009』, 한국언론재단, 2008년, p938.

37 CBS, 『CBS 50년사』, 2004년, p63.

38 방송 편집부, 'KY수습기자 4명 합격', 「방송」 69호, 1968년 3월 21일, p6.

39 CBS, 앞의 책, pp116~117.

40 방송 편집부, '아나에서 기자로 −KY 보도과장 최준영−', 「방송」 34호, 1965년 6월 1일, p8.

41 CBS, 앞의 책, p38.

42 염영식, '방송기자석', 「방송」 제47호, 1965년 9월 11일, p3.

0ec01fd1-4b3a-449b-b7a7-16d7c2c0b8eb
— 제
4
장 —

방송보도의 초석을 놓은
선구적 기자 탐구

∙
∙
∙

한국방송보도의 역사상 선구적인 업적을 이룩한 방송 인물을 선정하기란 참으로 지난至難한 과제이다. 더욱이 그 선정 기준이나 그 대상 수효도 관점에 따라 차이가 있을 것이다. 그 준거準據를 학술적으로 정립하자면 경제적 비용이나 시간적 소요가 만만치 않을 것이다. 우선 이 분야의 전공자도 많지 않을뿐더러 시대적 간극도 크기 때문에 공통분모를 찾기가 쉬운 일이 아니다. 아울러 본 저서의 저술 범위인 한국방송에서 최초로 방송기자가 출현한 1945년부터 MBC-TV가 개국하는 1969년까지 비록 25년간이지만, 시대별로 방송의 메커니즘은 상상을 초월하는 간극이 존재할 것이다. 따라서 그 대상 인물을 최소화하고 방송 환경 및 방송사放送社의 상황을 짚어보면서 선구적 길잡이 역할을 한 인물을 선정한다면 큰 무리는 없을 것으로 보인다.

1945년 해방과 더불어 시작된 새로운 한국의 방송은 일제 강점기와 달리 독자적인 뉴스를 취재하고 편집하여 내보내야 할 시대적 상황이었다. 일제가 패망하여 물러가고 미군정이 시작되었지만, 방송 뉴스를 생산하고 송출해야 할 임무가 한국 방송인들의 몫이라는 데는 이론이 있을 수 없을 것이다. 따라서 한국인 방송인 기자의 출현이 불가피했으며, 이에 방송기자 1호로 나타난 이가 바로 문제안이다. 아울러 이 당시 뉴스를 발굴하고 선별하여 묶어주는 편집자가 있었을 것인데, 그 작업을 수행한 이가 이덕근이다. 이들에 대해서는 제2장에서도 잠깐 다루었을 뿐만 아니라 필자를 비롯한 여러 관련 인사들이 거론한 바 있으므로 본 장에서는 언급을 생략하였다.

1940년대 말엽과 50년대를 통틀어 한국에서의 방송은 유일하게 국영방송 KBS뿐이었다. 따라서 방송기자나 뉴스 프로그램도 KBS맨들의 몫이었다. 그러나 시대적 상황이 6·25전쟁으로 1950년대가 송두리째 망가진 데다, 후진국 공무원인 방송기자의 영역 또한 지극히 제한적이었다. 이러한 시대에 방송의 사명은 배고프고 불안한 국민들에게 위안을 제공하는 것이 급선무였다. 이러한 상황에서도 보도 영역을 지키고 확대해 나간 이들 가운데 조한긍과 김인현, 그리고 한영섭 등을 기록하려고 한다.

조한긍은 이덕근 등의 뒤를 이어 편집기자로 데스크 역할을 한 공무원 시대의 기자이자 관료이다. 김인현은 1940년대 말 정부수립 초기에 방송기자로 입문하여 KBS에서 보도 책임자로 활동하였고 서울지역에서 최초로 개국한 상업방송인 문화방송에 스카우트되어 보도과장, 보도국장 등을 거치면서 민간방송보도의 기틀을 다진 방송기자였다. 또한 한영섭은 방송기자로서 처음 종군기자로 활동했으며 1, 2공화국의 과도기에 KBS 보도의 중립성을 지켜나가려고 노력했던 방송인이었다.

1960년대는 민간 상업방송이 출현하는 시대로 1961년 문화방송을 선두로 1963년 동아방송이, 1964년에 동양방송이 탄생하였다. 동아방송과 동양방송은 동아일보와 중앙일보가 모회사라 할 수 있는 신문 겸영의 방송 회사다. 특히 1969년 문화방송이 텔레비전 방송을 개시하면서 TV 3국(KBS·TBC·MBC) 시대가 형성되고 TV저널리즘이 본격적으로 생성되기 시작하였다.

이러한 1960년대 민간 상업방송의 발아기發芽期에 선구적 역할을 담당한 이들을 찾아보았다. 먼저 조선일보 신문기자에서 동아방송의 방송기자로 전직하여 뉴스리포트를 창출하고 KBS에 스카우트되어 공영방송보도의 기틀을 다진 이정석을 선정하였다. 또한 문화방송의 개국요원으로 스카우트되어 보도 책임자로 TV앵커 1호가 된 박근숙 등을 기록하려고 한다. 이정석과 박근숙은 2009년 '방송인 명예의 전당'에 함께 헌정되었다.

저자의 이러한 작업은 여기까지이다. 시대를 더 벌리고 그 수효를 늘리다 보면 외도外道하는 기자를 만나게 되고, 기자로서의 진정성을 저버린 이들과도 마주치게 될 것 같은 두려움 또한 숨길 수 없다. 그 이상의 연구는 후학들의 몫으로 남기고자 한다.

1940, 50년대 데스크를
가장 오래 지킨 조한긍

조한긍趙漢兢은 1940년대 말부터 10여 년간 방송뉴스편집 책임자로서 활약한 방송인이다. 그는 서울중앙방송국 기자 시험에 합격하여 방송국에 들어왔으나 밖으로 나가 취재기자로 활동하기보다는 방송국 안에서 일하는 것을 좋아했으며 성격 또한 꼼꼼하고 끈기가 있어 하루 종일 일하는 동안 자리를 뜨는 일이 없었다고 한다.[1]

조한긍은 해방 후 격변기에 방송기자로 입사하여 이덕근, 전제옥, 강준원 등에 이어 네 번째 편집 책임자가 되었다. 초대 편집책임자였던 이덕근이 1946년 편성계장으로 자리를 옮기고 전제옥이 이어받았으나 서울대학교 교수로 떠나자 강준원이 이어받았다. 강준원은 문

1958년 8월, '10년 이상 근속자들의 좌담회'
에 참석한 조한긍(그 당시 발행된 「방송」 잡지에서)

제안, 조동훈 등과 함께 방송기자로 활약했으나 주로 내근을 하면서 편집을 담당했기 때문에 곧 편집계장으로 승진할 수 있었다. 그러나 그는 방송국 보수가 워낙 형편없어 오래 근무할 수 없었던지 2년 후에 다른 직장으로 떠났다. 그리하여 4대째로 조한긍이 편집 책임자가 되었다.

이처럼 조한긍은 1940년대 말부터 1958년 초까지 10여 년간 기자로서 편집 책임자를 맡아 장기간 활약했다. 그는 해방 정국과 6·25전쟁의 발발, 그리고 그 후유증 등으로 나라가 온통 혼돈기에 처해 있을 때 뉴스의 아이템을 선정하고 내용을 보강하는 역할을 담당한 것이다. 그는 이러한 격랑기에 방송 현장의 한 자리에서 장기간 근무하며 후배 기자들과 더불어 보도방송의 기틀을 다졌다.

조한긍이 편집 책임자가 되었을 당시만 해도 뉴스 방송은 원시적인 상황이었다고 해도 과언이 아닐 것이다. 해방 후에 우리말 뉴스 프로그램이 신설되고, 정시뉴스제가 시행되는 등 뉴스 시간이 확대되면서 뉴스 데스크의 역할과 책임은 무거워졌다. 특히 취재기자의 부족으로 뉴스량을 채우기에 어려움이 컸는데, 그 책임은 응당 편집자의 몫으로 돌아왔다. 그리하여 편집기자는 그 당시 발행되던 통신에서 방송에 적합한 뉴스를 추려 아나운서가 읽기 편하게 정서하는 일을 수행했다. 그뿐만이 아니라 방송에 적합한 항목을 고르는 일이나 통신의 글을 방송의 말로 바꾸는 일도 담당해야 했다.

조한긍은 이러한 역할과 책임을 묵묵히 수행하다가 1958년 4월 공보실 방송관리국 관리과 지도계장으로 발령받았다.[2] 그는 해방 직후부터 10여 년간 오로지 뉴스 편집만 맡아 보도계장으로 활약해 오다가 방송관리 업무를 담당하게 되었다. 그 당시 공보실장으로는 오재경이 30대 말의 나이에 장관직을 수행했으며, 직속상관인 관리과장 자리는 노정팔이 맡고 있었다. 노정팔은 조한긍의 이 인사 발령에 "생소한 자리이긴 하지만 앞으로 관리자가 되기 위해선 이런 과정을 거쳐야 한다"고 코멘트하기도 했다.[3]

조한긍은 1958년 8월 정부수립 10주년을 맞아 한국 보도방송의 역사적 증언자로 두 가지 측면에서 두각을 나타냈다. 그 하나는 정부수립 10주년 기념특집 좌담회에서 유일하게 보도 분야의 증언자로 참석하였고, 다른 하나는 '보도방송의 10년'의 집필자로 참여했는데, 이 두 사례는 당시 발행되었던 유일한 방송전문지 「방송」에 게재되었다.[4] 이러한 사실 두 가지만으로도 그는 한국 방송보도 역사에 기록되어야 할 보도방송 초창기의 주역이라 할 수 있을 것이다. 여기에서 이 두 가지 기록물 가운데 그 당시 보도 현장을 엿볼 수 있는 사례를 원문대로 인용하면 다음과 같다. 먼저 '좌담회' 내용을, 그 다음에는 '기고문' 가운데 일부분을 발췌하여 싣는다.

> 좌담회에서는 사회자(극작가 한운사)가 조한긍에게 "옛날 하고 지금을 한번 말씀해 주시죠. 보도의 고금古今이랄까" 라고 묻자 조한긍은 "고금이래야……그때도 좌우로 파가 갈라져 싸움을 하고 있었는데, 방송과장 이계원 씨가 재치있게 한 것이 절대로 어디에 치우치지 않고 방송을 끌어 나갔기 때문에 비교적 아무 일이 없었죠. 그런데 그때 좌익 계통은 남산에서 행사를 하고, 우익은 서울운동장에서 행사를 했는데, 기자라는 것이 나하고 조모 씨였는데 나는 남산을 갔다가 취재를 해서 들어오니까 이계원 씨가 소련 '스티코프'인가 하는 자의 연설 원고를 가져와야지, 안 가져오면 어떻게 하느냐고 그래요. 난 그때 무시무시해서 취재하는 데도 머리칼이 올라갔거든요.(웃음소리) 꾸지람을 듣고 비가 오는데……우산을 받고 신문사로 통신사로 돌아다니면서 그것을 구해 가지고 왔죠"라고 하며 대화를 이어갔다.[5]

기고문에서는 두 부분만 발췌해 보면 "정부수립 후 필자(조한긍)가 편집계장으로 있었을 때 기자를 공모해서 필력 있는 우수한 기자 열 명을 뽑아 모두 18명의 기자가 정치, 경제, 사회, 문화, 운동 등 다방면에 걸쳐 눈부신 취재 활동을 하였다. …… 1957년 11월부터는 휴대용 녹음기 한 대를 구입해서 뉴스 취재에 본격적인 활동을 개시하였다"고 그 당시 상황을 회고하였다.[6]

조한긍은 방송관리국의 지도계장으로 근무하면서 방송 관리에 대한 전반적인 지식과 경험을 쌓은 후 춘천방송국장으로 발령받아 지역방송의 책임자가 되었다. 그는 한동안 춘천국에서 근무하다 지병 때문인지 퇴직하여 별세한 것으로 노정팔의 문헌에 기록되어 있다.[7] 어느 사료에는 그의 인명록에 '연령 44세, 재직연수 11년 2개월'로 되어 있는데[8] 앞뒤로 함께 기록되어 있는 노정팔과 김규 등과 비교해 보면 1946년 말이나 1947년 초에 방송계에 기자로 입문한 것으로 추정된다. 이 모든 것을 고려했을 때 조한긍은 한국 보도방송의 선구자임에 틀림없다. 그에 관한 좀 더 상세한 정보를 수집하여 심도있는 연구가 필요한 상황이기에 후학들의 탐구를 기대해 본다.

KBS·MBC 보도의 초석을 놓은
김인현

김인현金仁鉉은 한국 방송계의 저널리즘 분야를 개척한 초창기 방송인이다. 그는 1940년대 말 우리나라 유일의 방송매체인 KBS 라디오에서 기자로 출발하여 1960년대 초 서울지역에서 첫 번째 민간 상업방송으로 출범한 MBC 문화방송의 초대 보도 책임자로 스카우트되어 새로운 뉴스 방송을 개척하며 20여 년간 방송저널리스트로서 활약한 한국 보도방송의 선각자이다.

김인현이 방송기자가 된 것은 1948년 정부수립 직후에 KBS에서 실시한 기자 공모에 선발되면서부터다. 그 당시 KBS에는 총 18명의 기자가 정치, 경제, 사회, 문화, 스포츠 등 각 방면에 걸쳐 취재 활동을 했는데, 이때 보도부문에서 활약한 방송인은 아나운서 출신으로 편집계장을 맡던 이덕근李德根을 필두로 강준원姜駿遠, 조한긍趙漢兢 등 보도 책임자를 비롯해 기존 보도 종사자와 갓 입사한 김인현, 편용호片鎔浩(전 국회의원), 한영섭韓永燮(현 방우회장) 등이 주축을 이루었다. 김인현은 이러한 상황에서 방송국 기자 생활을 시작했는데 신문기자와 달리 방송기자는 여러 가지 측면에서 열악한 환경이었다. 우선 선발 매체인 신문에 비해 인지도가 크게 떨어질 수밖에 없었고 국영방송이라 공무원의 신분이기 때문에 취재 보도에도 장애물이 많았다. 더욱이 취재 장비가 원시적이었을 뿐만 아니라 보도 분야의 방송국 내 위상 또한 미약하기 짝이 없었다. 그 당시만 해도 보도부서는 아나운서 출신의 방송과장 휘하에 계장급 정도가 치프였다. 그러나 김인현은 1950년대 들어서서도 국영방송 KBS의 기자로 꾸준히 일선 현장과 데스크를 지켰다. 1957년 12월에는 휴대용 녹음기의 도입으로 녹음 뉴스 폭이 넓어졌고 새로운 기자들이 들어왔는데, 이때를 전후하여 충원된 이들이 바로 정연권鄭然權, 이낙용李樂鎔, 윤박尹博 등이다. 그 당시 김인현의 직급은 행정주사(지금의 6급 공무원)였다.

1961년 7월 1일 KBS가 해외방송을 위해 서울국제방송국을 개국하자, 김인현은 이 신설 방송국 보도계장으로 승격된 것으로 보인다. 그는 국제방송국 보도 책임자로 옮긴 지 얼마 안 되어 MBC로부터 스카우트 제의가 왔고, 개국 50여 일 전인 그 해 10월 문화방송으로 이적했다. 따라서 김인현은 1961년 12월 개국한 서울의 첫 민간 상업 방송인 MBC의 보도 책임자가 되었다. MBC 개국요원은 당초 최창봉崔彰鳳을 정점으로 출발했는데, 그가 KBS 텔레비전 개국 책임자로 징발되자, 배준호裵俊鎬가 후임 방송부장으로 선발되어 개국 작업을 지휘했다. 김인현은 방송부장 밑의 보도과장으로 보도방송의 최고 책임자가 되어 개국 보도 프로그램을 준비했다. 이때 동참한 기자들은 대체로 KBS에서 함께 근무했던 후배들과 부산지역의 신문과 방송사에서 현업에 종사하던 이들이었다. 보도과 개국요원은 과장 김인현 다음에 사원으로 홍길두洪吉斗, 윤박, 이낙용, 박근숙朴槿淑, 김종신金鍾信, 고일환高日煥, 김춘빈金春彬, 고의구高義求 등이었고 준사원으로 형진한邢鎮漢, 김용수金龍洙 두 수습기자가 있었다.[9] 김인현은 신생 민방 보도 프로그램의 방향 및 포맷 설정에 고심했다. 국영방송 KBS와의 차별화에 역점을 두고 1963년 2월 3일에는 정시뉴스 체제를 시보 전 5분, 10분 뉴스 체제로 전환하여 빠르고 정확한 뉴스 전달을 위해 파격적인 개편을 단행했다. 시보 전 뉴스는 우리나라는 물론 세계적으로도 유례가 없는 흔치 않은 일대 모험이며 대 도전으로, 뉴스 방송의 이미지를 일신하는 전기가 되었다.

특히 김인현이 보도 책임자로 있을 때인 1963년 5월 6일부터는 바그너의 오페라 '파시팔의 서곡(Parsifal Overture)'을 시그널 뮤직으로 채택, MBC 뉴스는 상대사보다 새롭고 빠르다는 강렬한 인상을 심어

주었다. 이러한 MBC 뉴스의
파격적인 시보 전 편성과 시
그널 뮤직 도입은 방송뉴스
의 큰 전환점이 되었다.

김인현은 1966년 3월 1일
MBC 직제 개편에 따라 보도
국이 신설되자 초대 국장으

김인현의 1967년 방송문화상 수상 기념 사진(오
른쪽에서 세 번째)

로 승격되었다. 그는 국장 취임 후, 그 해 9월 문화방송 뉴스의 국제
화를 위해 AP, UPI, AFP 등과 계약을 체결하고 텔레타이프를 가설
한 데 이어 동남아 및 아프리카에 이르기까지 해외 특파원제를 확대
해 운영했다.

김인현은 1967년 10월 방송의 날을 맞아 제10회 방송문화상(보도
부문)을 받았는데, 이 보도부문상 수상은 그 개인에게 뿐만 아니라
방송기자들에게도 큰 의미를 선사했다. 그도 그럴 것이 1958년 방송
문화상이 제정된 이후 보도부문 수상자는 대부분 아나운서이거나
시사평론가에게 주어졌지만, 그는 1964년 수상한 박상진에 이어 두
번 째로 정통 방송기자 출신이 수상하게 된 것이다. 이처럼 김인현은
'방송기자 시대'를 연 선구자적 저널리스트였다.

김인현은 1965년 10월 1일 국장 공석의 초대 보도부국장으로,
1966년 3월 1일 초대 국장으로 임명되어 1968년 9월까지 3년이라는

비교적 오랜 기간 동안 보도사령탑으로 재임했다. 그의 보도국장 후임에는 개국 시부터 함께 기자로 활동했던 박근숙이 임명되었다. 그와 후임자의 나이 차이는 무려 13년이나 되는 것으로 미루어 김인현은 가히 방송기자의 대부 격이라 할 수 있을 것이다. 그는 후배에게 자리를 물려주고 곧바로 도쿄특파원으로 파견되었다. 김인현은 MBC 창사 이후 네 번째의 도쿄특파원이었으며 재임 기간은 2년이었다.

MBC는 1963년 1월 국영방송 KBS에도 없는 도쿄특파원제를 도입하고 초대 특파원에 정순일鄭淳日을 임명했다. 그 후임으로는 서규석徐圭錫, 홍길두 등이 있었으며, 김인현은 4대째가 되는 셈이다. 그는 1970년 10월 1일까지 2년간의 임무를 마치고 귀국하면서 20여 년간의 방송기자 생활을 마감했다. 김인현은 MBC 본사로 돌아와 잠시 라디오 총국장을 지냈다. 그리고 1971년 6월 28일부터 10월 1일까지 몇 개월 동안 부산문화 TV방송국장을 역임하기도 했다. 그는 이 부산문화TV방송국이 부산문화텔레비전방송주식회사 설립에 따라 폐지되자 방송계를 떠났다. 퇴임 후인 1972년부터 1975년까지는 방송윤리위원회 사무국장으로 재임하기도 했다.

김인현은 해방 후 방송기자로 방송계에 입문하여 사반세기에 걸쳐 KBS와 MBC에서 보도방송의 선구자로 방송저널리즘의 정착에 크게 기여했다. 특히 그는 MBC 창사 시기부터 초대 보도과장(1961년 10월 13일~1963년 9월 1일), 초대 보도국장((1966년 3월 1일~1968년 9월 16일)

등 보도 책임자로 활약하면서 문화방송의 보도 분야를 개척하고 기틀을 다진 큰 방송인이었다.

김인현은 선구자적인 업적으로 앞에서 예시한 방송기자로서 두 번째로 방송문화상을 수상했을 뿐만 아니라 '방송인 명예의 전당'에 헌정되기도 하였다. 그는 2003년 한국방송영상산업진흥원(현 한국콘텐츠진흥원)에서 주관한 '방송인 명예의 전당'에 민재호, 문시형, 정경순, 조남사 등과 더불어 헌정자로 선정되어 큰 영예를 안았다.

김인현은 1920년 함남 고원 출신으로 일본대학 전문부에 다니다 해방 후 귀국하여 KBS 기자로 방송계에 입문했는데, 1993년 8월 73세로 작고했다.

최초의 종군 방송기자
한영섭

한영섭韓永燮은 한국 방송기자 가운데 가장 처음으로 종군기자가된 방송인이다. 그는 1950년 6·25전쟁으로 빚어진 동족상잔의 전쟁터에서 방송기자로서는 처음으로 기존의 선발매체인 신문기자들과어깨를 나란히 하며 방송 뉴스원을 공급하였다. 생사를 넘나드는 치열한 전쟁 현장을 누빈 공적으로 그는 6·25 종군기자회 회장 등을지내며 대한언론인회가 주관하여 단행본으로 펴낸 참전 언론인들의증언집 『6·25! 우리는 이렇게 나라를 지켰다』에 필자로 참여하기도하였다.[10]

한영섭은 1949년 1월 한국의 유일한 방송매체인 KBS가 시행한 방송기자 공모에 합격하며 방송인 생활을 시작했다. 그가 방송기자로 입문한 시기는 대한민국 정부가 수립된 지 채 6개월도 되지 않은 국영방송 초창기이며, 그의 연륜도 불과 약관弱冠을 갓 넘어선 젊은 청년이었다. 그의 동기로는 최초의 스포츠 기자가 된 조동표를 비롯하여 KBS 보도실을 오래 지킨 김영철 등이 있었으며, 그보다 3개월 앞서 입사한 위 기수로는 김인현, 편용호, 김우용 등이 기자로 활약 중이었다.

한영섭은 4개월 정도의 신입 기자 연수를 마친 후 첫 출입처로 반민특위反民特委에 배치되었다. 이 기관은 일제 치하에서 일본인에게 아부 또는 그들과 결탁하여 동포들에게 반역행위를 저지른 자를 처단하기 위한 '반민족 행위자 처벌법'의 제정에 따라 조직된 임시 기구였다. 이 반역 행위자로는 각계의 저명인사들이 망라되었는데 사학가 최남선, 소설가 이광수, 기업인 박흥식 등을 비롯하여 고등계 형사 노덕술, 이토 히로부미의 양녀 배정자 등 상당수 인사가 포함되어 있었다.[11] 그는 이러한 해방 정국의 암울한 현실에 대응해 가며 기자로서 취재 현장을 지켜나갔다.

한영섭은 1949년 8월 국방부 출입기자로 발탁되었는데, 이는 선배기자가 서울신문사로 이적하면서 갑자기 출입처가 비자 배정된 것이다. 그 당시 국방부 출입기자들은 국방부의 전신인 통위부 시절부터 출입한 이로부터 육군사관학교에서 종군기자 훈련을 받은 이들까지

| 한국전쟁 참전 원로 장성들과 함께하는 한영섭(왼쪽에서 두번 째)

소위 '베테랑'들이었다. 이들은 전부 다 신문사 통신사 소속의 방낙영, 박성환, 임학수 등 민족지로 주가를 높이던 조선일보, 동아일보등 주요 일간지 기자들인 데다 군사훈련도 받은 상황이었다. 그는 이러한 경력이나 연륜이 많은 선배 기자들 틈바구니에서 1950년 2월육군사관학교에서 병사들로부터 실전에 가까운 군사훈련을 2주 동안 철저히 받았다.

한영섭은 군사훈련을 마친 지 채 넉 달도 안 돼 6월 전쟁을 맞으며본격적으로 종군기자로 활동하게 되었다. 워낙 전쟁이 치열한 데다장기간에 걸쳐 계속되었기에 그가 겪은 체험담을 다 기록하기는 어렵지만, 그 가운데 철원을 지나 원산으로 가는 길목에 있는 금성이라는 촌락에서 매복 중이던 북한군으로부터 기습공격을 받은 상황을 그의 기고문에서 옮겨보면 다음과 같다.

"내가 어쩌다 여기까지 왔나. 6대 독자인 내가 여기서 죽으면 안 되는데……"하는 회한과 공포가 뒤엉켜 눈앞이 캄캄하였다. 그러는 동안 병사들의 총구는 응사를 계속하였고 트럭은 전속력으로 달렸다. 갑자기 내가 기대고 있던 운전석 쪽이 '쿵'하고 둔탁하게 울렸다. "아이쿠 맞았구나"하면서 살펴보았으나 몸에 이상은 없었다. 그런데 옆에 있던 병사가 내 쪽으로 기울어지면서 신음소리를 내고 있었다. 나는 그 병사의 총을 들어 미친 듯이 언덕을 향해 쏘아댔다. (중략) 옆에 쓰러진 병사는 끝내 숨을 거두었다. "어머니"하면서. 출발할 때 자기는 시골집에 어머니 한 분이 계시다고 하였고, 전쟁이 끝나면 어머니께 못다 한 효도를 다 하겠다고 하던 병사였는데, 그 어머니는 자식의 전사통지를 받고 얼마나 통곡했을까.

한영섭은 종군기자로 이러한 비극을 온몸으로 체감하면서 전황보도에 열중했다. 그는 북한지역 원산을 거쳐 함흥에 도착하여 함흥방송국에 들러 단파방송으로 서울에 기사를 보내기도 하였다. 다시

대한민국 북녘 끝인 청진을 거쳐 영하 30도의 혹한 속에서 흥남 철수작전에 참여하여 강릉 이남으로 이동을 거듭하였다. 그는 이러한 역경 속에서 전황의 사실 보도에 충실하려고 애를 썼다.

한영섭은 1956년 3월 휴전협정을 목전에 두고 필리핀에서 개최된 아시아민족반공대회에 특파원으로 파견되어 대회 실황을 녹음으로 취재 보도하였다. 이는 한국 방송 최초로 이루어진 해외 녹음 취재 방송으로 보이는데, 이 보도는 국제전화를 통하여 단독으로 송신되어 국내 신문사나 통신사의 기자가 KBS 정동방송국 주조정실로 달려와 그 실황 보도내용을 직접 듣고 취재해 가기도 했다.[12] 이는 방송의 속보성을 과시한 단적인 본보기라고도 할 수 있을 것이다.

이즈음 한영섭은 KBS 보도 책임자인 보도실(계)의 실장으로 활동한 문헌이 보인다. 『한국언론인물사전』에는 그가 1956년에 보도실장으로 재임했다는 기록이 있다.[13] 그는 보도 책임자로 방송의 공정보도에 역점을 기울인 사례가 군데군데에서 드러난다. 1950년대 국영방송에서 이런 정신을 가지고 실천하기란 결코 쉽지 않은 일이었다. 그러한 단적인 하나의 예(例)는 그가 1960년 방송계를 떠나는 사건에서도 역력히 입증되었다.

한영섭은 자유당 정권의 제1공화국이 붕괴되고 민주당 정권의 제2공화국이 집권하던 1960년 10월 당시 방송을 관장하는 내각사무처 장관이 그를 집무실로 호출하여 뉴스 원고의 사후 검열을 실시하겠다고 통보했다. 아울러 매시간 방송되는 뉴스를 녹음하여 검열에도 대비하라고 했다. 그는 즉석에서 이를 거부하고 보도실장직을 사임하였다. 그는 "방송이 좋아서 방송기자가 되겠다던 입사할 때의 꿈이 14년 만에 사그라졌다"고 회고한 적이 있다.[14] 이 사건으로 그는 방송계를 떠났다.

한영섭은 방송계를 떠난 후 한때 사업체를 경영하기도 했지만, 1990년대 말부터는 대한언론인회에 참여하여 이사, 감사, 부회장 등을 역임하며 참전언론인회장 등도 맡았으며 지금은 사단법인 한국방송인 동우회 회장으로 오랫동안 봉사하고 있다. 그는 2006년경 방우회 회장 직책을 수행하며 언론학자들과 진행한 한 인터뷰에서 자신이 방송국 기자로 입사한 1949년에도 방송저널리즘이 나타났다고 주장하는 한편, 심층 취재의 산물인 〈뉴스 리뷰〉 등의 프로그램을 15, 20분물로 방송했던 것은 시청자가 미흡했던 부분이나 방송매체의 일회성을 보완하기 위한 방안이었음을 강조하였다.[15]

한영섭은 방송기자로 방송계에 입문하여 곧바로 혹독한 동족상잔의 전쟁을 치르면서 방송기자로서는 최초로 종군기자가 되어 후배기자들에게 커다란 귀감이 되고 있다. 그가 방송과 전쟁에서 얻은 남다른 고귀한 체험담은 후손들에게 울림이 큰 교훈으로 전수되고 있다. 한편 그는 1928년생으로 1950, 60년대 여자 아나운서로 명성을 날리던 강영숙(예지원 원장)의 부군이기도 하다.

방송저널리즘의 초석을 다진
고품격 기자 이정석

이정석李貞錫은 방송저널리즘을 개척하고 초석을 다진 품격 높은 기자였다. 그는 신문기자에서 방송기자로 변신하여 국내외 취재 활동과 뉴스 PD, 그리고 데스크 역할과 보도 사령탑 등 방송보도의 전 영역에서 활동하며 방송보도의 지평을 열어 간 방송인이었다. 그는 '방송시대'의 도래를 내다보고 동아방송(DBS) 개국과 더불어 방송기자로 출발하여 방송보도의 온갖 영역을 넘나들며 새로운 포맷을 개발하고 연마한 후, 국영방송 KBS 보도 책임자로 스카우트되어 공영방송보도의 전형을 구축하는 데 크게 기여했다.

이정석은 1954년 22세 나이에 서울대학교 사회학과를 졸업하고 조선일보 수습기자 1기로 입사하여 활동하다 1963년 동아일보가 창립한 동아방송(DBS) 개국요원으로 스카우트되어 방송기자 생활을 시작했다. 그는 방송기자로 동아방송에서 〈DBS리포트〉, 〈라디오석간〉, 〈라디오조간〉 등의 프로그램과 치열하게 고락을 같이하며 방송저널리즘의 새로운 영역을 확대하고 방송뉴스의 지평을 열어갔다. 특히 그는 녹음구성 뉴스인 〈라디오석간〉의 초대 PD를 맡았는데, 그때의 상황을 "대신문사 조선일보 기자로 출입처에서 예우 받던 나는 DBS기자를 적성국 대하듯 하는 관청 분위기가 싫어졌다. 그래서 저녁 종합뉴스 책임 PD로 내근을 시작했다. 이 뉴스 프로그램은 장안의 화제를 모은 라디오 뉴스로 호평을 받아 DBS의 청취율이 급상승했다"고 회고한 바 있다.[16]

이정석은 1965년 베트남과 인도네시아 등의 해외 취재에서도 큰 성과를 거두었다. 그는 40일간의 베트남특파원 생활 중에 그린베레 부대원을 따라 월맹군의 남침 통로인 호치민 루트 길목까지 동행 취재했고, 이 취재기는 동아일보에 사진과 글이 두 페이지나 특집으로 게재되었다. 아울러 DBS에서는 생생한 녹음과 함께 자세히 보도하여 우리나라 기자로서는 처음으로 생생한 종군기를 남겼다. 또한 그는 그 해 11월 인도네시아의 군부 쿠데타와 중공·인도 간의 국경선 분쟁 등의 취재차 현지에 파견되기도 했다. 이때 그는 한국인 기자로서 가장 먼저 자카르타의 땅을 밟아 진통하는 인도네시아의 표정을 낱낱이 취재하여 방송했다. 특히 그는 해발 1,000미터 이상의 시킴 고산지대를 찾아가 중공군을 목격하고 녹음 취재하여 방송으로 내보내기도 했다.[17]

이정석은 1971년 9월 동아방송 뉴스부장에서 그 당시 윤주영 문화공보부 장관과 최창봉 KBS 중앙방송국장의 권유로 국영방송 KBS 보도부장(현 보도본부장)으로 자리를 옮겼다. 그는 별정직 2급 을二級乙 부이사관으로 임명되어 국영방송 KBS의 보도 책임자가 되었다.

이정석은 KBS로 이적한 후, 국영방송보도 방향을 일대 혁신하는 괄목할만한 업적을 남겼다. 그는 취임 후 KBS 뉴스의 선택과 순서 등 새로운 편집방향을 내놓았고, 정각을 알리는 시보 뒤에 대통령, 영부인의 동정과 함께 총리, 장관 등 계급 순으로 진행된 뉴스의 로열박스를 모두 없앴으며, 뉴스 가치에 따른 편집을 시도했다. 또한 그는 날씨 정보에 북한의 주요 도시를 추가했으며, 〈정부와의 대화〉라는 새로운 프로그램을 기획하여 제작 방송하기도 했다.

이정석은 보도 책임자로 임명된 2년 반 뒤인 1973년 3월, 공영방송 KBS로 전환한 이후에도 최창봉 방송총국장(부사장)으로부터 권한을 위임받아 인적 자원의 확보, 기자의 재훈련 강화, 기자단 가입 등 KBS 보도의 위상 제고에 헌신적으로 활약했다. 특히 그는 이때 KBS 기자의 기자협회 가입을 추진했다. 그 당시 상황을 그는 "가입

▌ 미주총국장 시절 워싱턴에서 레이건 대통령과 인터뷰하는 이정석

조건은 경찰서 출입기자단 가입을 효시로 각 중앙정부 출입기자단에 가입되어야 했다. KBS는 몇 달 안 되어 사회부의 출입부서를 비롯해 정치·경제부처 기자단에 가입하고, 기자협회 회원사가 되었다. 이때 비로소 KBS는 한국의 언론기관으로 거듭 태어났으며, 지금의 KBS 보도의 기초가 되었다"고 회고하기도 했다.[18]

이정석이 보도국장으로 재임하는 3년여 동안 한국 역사상 괄목할 만한 사건이 많았다. 이는 곧바로 보도현장의 급박한 상황으로 연계되었으며, 그 보도 책임자 역시 그만큼 정신적 육체적 중압감에 시달렸다. 그 사건들을 몇 가지 열거하면 '실미도 특수부대원 집단탈출사

건', '대연각호텔 화재사건', '10월 유신', '평양과 서울을 오간 1, 2차 남북적십자회담', '김대중 납치사건' 등이다. 그는 이러한 대사건을 방송하면서 정확한 뉴스보도가 최우선이라는 새로운 원칙을 세우고 이를 철저히 실천해 나갔다.

현장 취재는 데스크의 확인이 있어야 비로소 현장 취재방송이 가능했다. 이러한 보도 원칙의 준수가 이어져 KBS 보도는 신인도가 높아졌다. 특히 그는 보도국장 시절인 1972년 8월 남북적십자회담 취재차 역사적인 평양방문과 그 첫 생방송 "지금 평양에는 비가 내리고 있습니다"[19]라는 멘트는 한국보도방송사에 길이 회자될 것이다.

이정석은 보도 책임자 자리에서 물러난 후에도 국제 뉴스와 해외방송 분야에서 계속 활동했다. 그는 런던특파원, 국제방송국장, 워싱턴지국장, 서울올림픽방송 본부장 등의 보직을 맡아서도 탁월한 국제 감각으로 국내외 방송관련 업무를 수행했다. 그는 레이건 대통령 등 각국 수뇌와 단독 회견을 하기도 했으며, 서울올림픽 주관방송사의 최고사령탑으로, 세계 최고의 올림픽을 치러내는 기틀을 마련하기도 했다.

이정석은 일반적으로 보도 책임자에서 물러나면 한직으로 밀려나 회사 한 켠에 머물다 퇴직하는 관행을 타파하고 영국과 미국 등 국제 무대에서 취재 활동에 여념이 없었으며 국내에 들어와서는 서울올림픽방송을 총괄하는 책임자로서 열정을 쏟았다. 이는 그가 평소에 닦

아온 학식과 국제적 감각, 그리고 인덕에서 오는 지극히 자연스러운 귀결로 보인다. 이것은 이정석만이 이룰 수 있는 신화라고 해도 과언이 아닐 것이다. 이러한 경륜과 리더십으로 그는 서울올림픽을 성공적으로 이끌었고, 이는 한국을 세계에 알리는 큰 계기가 되었다.

이정석은 서울올림픽을 성공리에 마친 후 KBS 임원인 집행간부로 임명되었는데, 그의 보직은 회사 정책을 기획하고 집행하는, 지금의 직제로는 수석 본부장에 해당되는 기획조정실장이 되었다. 몇 년 후 정권이 교체되고 사장이 바뀌는 와중에서 그는 KBS 자회사인 제작단 대표이사로 취임하여 활동하다 퇴임했다. 이로써 그는 20여 년간 몸담았던 KBS를 떠났다.

이정석은 퇴임 후에도 그의 인품과 경륜을 높이 산 기관 단체에서 방송계 안팎의 여러 포스트에 초빙하는 사례가 많아져 사회 활동을 이어갔다. 이러한 현상 또한 다른 이들에게서는 쉽게 찾아보기 어려운 현상이다. 그는 신문방송매체에 대한 경륜이 필요했던 언론중재위원회에서 중재위원으로, 1993년에는 방송위원회가 구성되자 방송위원으로 3년간 재임하며 언어특별위원장을 맡기도 했다. 그는 방송위원에서 임기를 마친 다음 해인 1997년에는 한국방송개발원의 이사장으로 취임하는 등 방송계 활동을 계속하였다.

이정석은 1999년에 KBS로 다시 돌아와, KBS시청자위원회 위원장 자리에 앉기도 했다. 특히 그는 2001년부터 2005년까지 신문방송인을 망라한 언론인들의 OB모임인 대한언론인회 회장을 맡으면서 회보 발간과 언론인들의 친목 도모에 힘을 기울였다. 그는 언론계 재직 시에 인연을 맺은 후배들의 보좌를 받으며 기쁘고 즐겁게 광화문 프레스센터에서 마지막 활동을 한 것으로 보인다.

이정석은 별세하기 몇 달 전인 2007년 10월 한국방송기자클럽회보에 후배 오건환吳健煥과 가진 창립 18주년 특별 인터뷰에서 "대선배로 현업 방송기자 취재 환경 개선에 도움되는 말씀을 해 준다면?"이라는 마지막 질문에 그는 이렇게 대답했다. 이 메시지는 그의 방송 보도의 철학이자 마지막으로 남긴 교훈일 수도 있을 것이다.[20]

우리나라 방송기자는 외국 선진 방송에 비해 큰 기능 하나가 빠져 엄청나게 고생하고 있습니다. 저도 워싱턴 근무할 때 뼈저리게 그 필요성을 느꼈습니다. 그것은 다름 아닌 Item 담당 PD(Segment Producer) 없이 현장 취재하랴, 위성 청약하랴, 편집하랴, 자료화면 챙기랴, 정신없이 바쁘기 일쑤였습니다. Segment Producer의 역할은 취재도 함께하며 그림 중심 편집을 하는 '현장 감독'인 셈이지요. 이것이 성공하려면 기자, 카메라맨과 호흡이 맞는 '선임자'이어야겠지요. 뉴스 프로듀서 없이 방송을 내보내는 나라는 우리밖에 없지 않나 생각합니다. 데스크가 현장에 나

와 있는 Segment Producer 제도의 도입으로 일선 기자
의 큰 짐 하나가 덜어지기 바랍니다.

영국BBC에는 연봉 1억 원 이상을 받는 기자, PD, 진행자
가 150여 명이 넘는다는 사실을 알아야 합니다. 그만큼의
역할을 하는 인재를 확보하고 있다는 의미입니다.

이정석은 해박한 국제 감각으로 방송의 글로벌화에 크게 기여했으
며, 인자한 인품에다 뛰어난 유머 감각까지 겸비해 후배들이 잘 따
랐다. 그는 여유와 멋을 아는 국제 신사형 방송인이었다. 문명호는
"그는 타고난 기자였으며 아이디어가 풍부하고 수많은 에피소드를
남겼다"고 회고하면서 동아방송과 KBS에서 함께 일했던 천승준의
표현인 "로멘티스트와 휴머니스트의 풍모가 역연했던 이정석은 항상
주변을 풍요롭게 가꾸었다"고 한 그 코멘트를 인용하기도 했다.[21]

이정석은 1932년 3월 11일 평북 정주 출신으로 2008년 1월 16일
향년 76세로 별세했다. 그는 그 다음 해 3월 '방송인 명예의 전당'에
헌정되었다. 그리고 2010년 2월에 그를 기리는 언론계 선후배들이 이
정석 추모문집 편찬위원회를 구성하여 『거인의 작은 이야기』(헤럴드미
디어, 2010년)라는 단행본을 펴냈다. 이 책의 권두 대담에는 그를 방
송의 길로 이끌었고 KBS로 스카우트했던 한국방송계의 거목 최창
봉崔彰鳳과 편찬위원장인 강인섭姜仁燮이 고인의 업적을 기리고 있다.

TV뉴스 앵커 1호
박근숙

박근숙朴槿淑은 한국TV저널리즘의 새로운 시대를 창출하는 데 획기적인 역할을 한 방송기자다. 그는 1961년 MBC 개국요원으로 보도과에 발을 디딘 이후, 보도국장 시절에 MBC 보도의 중흥기를 이룩하였고, 1969년 TV 방송을 개시한 후에는 메인 뉴스의 진행을 맡아 실질적으로 한국 TV 앵커 1호가 되었다. 그를 압축하여 한마디로 표현하자면 〈MBC 뉴스데스크〉 탄생의 주역이자 초대 앵커이다.

박근숙은 1957년 부산일보 기자로 입사하면서 언론인 생활을 시작하였다. 『한국언론인물사전』(한국언론재단, 2008년)의 기록에 따르면 이러한 사실 이외에도 1933년생으로, 출생은 서울에서, 대학은 대구에서, 직장은 부산으로 되어 있다. 이는 1950년에 발발한 6·25전쟁의 영향을 직간접적으로 크게 받으며 청소년 시절을 보낸 것이 아닌지 판단된다.

박근숙은 지역 신문기자로서 동족상잔의 후유증과 1·2공화국의 몰락, 그리고 5·16쿠데타의 돌발 등 정치·사회적 큰 격변기를 겪은 후에 1961년 11월 27일 서울MBC로 스카우트되어 방송기자로 출발하게 되었다. 그때 같은 신문사에서 한날 함께 옮겨온 이가 대통령 언론비서관으로 활동하다가 부산MBC 사장을 지낸 김종신金鍾信이다. 그때가 MBC 서울문화방송이 정식으로 개국하기 5일 전이다.

박근숙은 MBC 개국과 더불어 10여 명의 기자들과 취재 분야를 배분했다. 그는 정치 파트에 배속되어 정당, 국회, 행정부처 등 광범위하게 취재 영역을 부여받았는데, 그것은 스카우트된 11명의 기성 기자에 신입 기자 3명을 포함해도 전체 기자가 고작 15명에도 미치지 못했기 때문이었다. 그는 그 다음 해, 첫 해외 취재로 한일회담을 취재하기 위하여 일본으로 나가는가 하면, 중앙정보부장의 동남아 순방도 수행하여 특파원이란 타이틀로 뉴스를 내보기도 했다.

박근숙은 MBC 보도부서가 보도과에서 보도부로, 그리고 한 달만에 보도국으로 격상되는 시기에 가장 왕성한 활동을 한 것으로 보인다. 그는 초대 정경부장(정치·경제부장), 취재부장 겸 부국장, 보도국장 등의 보직을 거쳤는데, 보도국장 시절인 1969년 3선 개헌의 특종 사건도 터뜨려 MBC 보도의 전성기를 보여주기도 했다.

박근숙은 주요 포스트 시절 〈오발탄〉(성우 오승룡)과 〈뉴스레이다〉 (아나운서 오남열) 등 장안에 화제를 남긴 장수 프로그램을 관장하거나 기획하기도 했다. 특히 〈뉴스레이다〉는 그의 아이디어로 〈오발탄〉과 차별화시켰는데, 기자들이 출입처에서 확인한 비리 등을 직접 폭로하는 내용으로 꾸몄다. 이 프로그램은 사회 각계, 특히 정관계의 비리와 불의를 추방하는 데 큰 역할을 하여 10여 년간 장수하기도 했다. 한편 그는 후배 기자들의 능력 배양과 인간적 유대 강화도 게을리하지 않았는데, 그 당시 상황을 그는 다음과 같이 회고하기도 했다.[22]

MBC 보도국에 들어온 후배들은 기자로서의 자질이 뛰어난 엘리트그룹이었다. 체계적으로 전문 교육도 시키고 일본에도 보내 선진 기술을 익히도록 했다. …… 수습기간엔 선배들과 팀을 만들어 숙직도 하고 경찰서를 출입하는 선배를 따라다니면서 취재 방법을 익히도록 했다. 직접 쓴 기사는 그때그때 검토해서 시원치 않으면 그 원고는 쓰레기통으로, 그리고 호되게 꾸짖었다. …… 숙직 때는 선배들의 참모 노릇, 아침에는 사무실 청소 등등 수습 때는 군대 내무반이 연상되는 생활을 시킨 것이다. 그러나 시간이 생기면 회사 옆 중국음식점에 가서 요리와 술로 선후배의 정을 다졌다. 미운 정 고운 정이 다 들어 한 가족이 되어가고 인화는 강화됐다. 1인 3역을 해내는 유능한 기자는 이런 수습과정을 거쳐 만들어졌다고 볼 수 있다.

박근숙은 1968년 9월 선배인 김인현의 뒤를 이어 제2대 보도국장이 되었다. 열악한 환경에서도 취재 보도 활동에 헌신적인 역할을 했던 그는 기자 생활 11년 만에, MBC 보도 분야로 이적한 지 6년여 만에 기자의 꽃이라고 일컫는 보도국장이 됐다. 그는 그때 나이 34세로 청년 시절이었는데, 역대 보도국장 가운데 가장 장수를 누리기도 했다. 그는 장장 6년 정도의 긴 기간 동안 재임하다가 1974년 2월 김영수金榮洙에게 인계했다.

박근숙은 MBC의 보도 총수 시절에도 방송 현장을 지키면서 긴박한 뉴스가 발생할 취재현장을 찾아다녔다. 그는 불철주야로 MBC뉴스 프로그램의 우위를 위하여 종횡무진 활동했다.

그 대표적인 사례가 1969년 9월 MBC만이 단독 취재 보도한 '삼선개헌 특종작전'이다. 박근숙은 그 역사적인 사건이 벌어진 국회에서 형진한 기자(그 당시 국회출입기자 팀장)와 전략을 협의, 카메라 기자를 이끌고 잠복하면서 새벽 2시 50분 역사적 현장을 단독 취재 보도하는 개가를 올리기도 했다. 이러한 특종으로 MBC의 보도는 우위를

남북조절위원회 첫 방북 취재단으로 북한에 간 박근숙(왼쪽
첫 번째 평양 부벽루에서)

확고히 접하는 계기가 됐다.

박근숙은 MBC TV가 개국되고 1년 2개월이 지난 1970년 10월 5일
밤 10시 30분에 탄생한 〈뉴스데스크〉의 초대 앵커를 맡았는데, 이
〈뉴스데스크〉는 한국TV저널리즘의 새 장을 여는 획기적인 전환점

을 마련한 프로그램이었다. 보도의 핵심에서 상당한 경력을 가진 기자가 앵커를 맡고, 취재기자가 직접 현장에서 실음實音을 깔고 리포트 하며, 분석이나 논평, 해설을 곁들여 책임 있는 보도를 하는 이 〈뉴스데스크〉야말로 가히 보도방송의 혁명적 쾌거라 할 수 있다. 이 〈뉴스데스크〉의 포맷은 1년 6개월 후인 1972년 4월에 TBC 동양방송이, 2년 6개월 후인 1973년 4월에 KBS가 모방하여 따랐다고 『MBC 30년사』는 밝히고 있다.

박근숙은 〈뉴스데스크〉 앵커로서 프롬프터가 없던 시절이라 늘 불안한 가운데 뉴스를 진행했는데, 그가 묘안을 낸 것이 원고를 텔레타이프 용지에 쓴 다음, 감아서 편집 AD(기자)가 일정한 속도로 돌리는 방법이었다. 이 묘안이 잘 맞아떨어져 뉴스 앵커로서 역할을 원만하게 할 수 있었는데, 이러한 그의 발상이 뉴스 진행에 큰 도움이 되었다.

이 〈뉴스데스크〉는 1970년대 정치·사회적 대변혁기에 시청자들에게 뉴스에 대한 수요를 증폭시키는 데 큰 촉진제 역할을 했으며, 평균 시청률을 50%까지 기록하기도 했다. 따라서 박근숙은 텔레비전 보도 프로그램의 제작 책임자로서 탁월한 지도력을 발휘하여 우리 방송보도의 역사에 커다란 획을 긋는 역할을 수행했다고 할 수 있다. 그러나 우리는 이 프로그램의 기획을 담당했던 김기주金基柱의 공로를 간과해서는 안 될 것이다. 그는 미국의 TV뉴스 패턴을 연구하며 〈뉴스데스크〉 탄생에 크게 기여했기 때문이다.

박근숙은 1972년 남북조절위원회가 개최되면서 처음으로 평양에 특파되는 유일한 방송기자가 됐다. 그는 통신사 1명, 신문사 3명(조선·중앙·동아일보 각 1명) 등 최소한의 기자들을 파견하는 평양 회담에 방송사 기자를 대표하여 국내 방송사에 뉴스를 공급하기도 했다. 그의 이러한 영예도 그가 보도국장의 직책에 TV종합뉴스의 앵커로 활약하는 데서 비롯된 신뢰의 결과라 할 수 있을 것이다.

박근숙은 방송 현장에서 10여 년간 크게 활약한 공적을 인정받아 1974년 2월 보도국장에서 MBC 경영진의 일원인 이사(방송 상무)로 승격되었다. 그는 보도뿐만 아니라 제작 분야까지 관장하며 프로그램 향상에 바쁜 나날을 보내다 1979년 12·12사건이 터져 신군부 세력이 발호하면서 방송계를 떠나게 되었다.[23]

박근숙은 MBC에서 물러난 이후에도 한국방송광고공사 감사, 한국종합유선방송국협의회장 등으로 활동을 했다. 그러나 무엇보다 그는 1990년을 전후하여 그의 직업이었던 방송기자와 그의 직장이었던 문화방송 등에 기념비적 업적을 남겼다. 그 하나는 1989년 방송기자 직종의 발전을 위하여 한국방송기자클럽을 창립하고 초대 회장으로서 퇴직 기자들을 아우르는 역할을 맡았던 것이다.

또 다른 하나는 1990년 5월에 문화방송사우회를 창립하여, 10여 년간 회장을 맡아 퇴직 방송인들의 친목 도모에도 크게 이바지했던 것이 바로 그것이다. 이처럼 그는 방송기자의 대선배로서, MBC의 원로로서 그 소임을 다하였다.

제4장 미주

1 노정팔, 『한국방송과 50년』, 나남출판, 1995년, p30.

2 주간방송 편집부, '공보실 인사', 「주간방송」 제7호, 1958년 4월 13일, p2.

3 노정팔, 앞의 책, p262.

4 조한긍, '보도방송의 10년', 「방송」 3권 8호, 1958년 8월, pp37~39. p25의 좌담 기사 참조.

5 한운사 외, '넘어야 했던 수많은 산 건너야 했던 수많은 강 −10년 이상 근속자들의 좌담회−', 「방송」 3권 8호, 1958년 8월, p25.

6 조한긍, 앞의 글, pp37~39.

7 노정팔, 앞의 책, p262.

8 방송 편집부, 「방송인명록 KBS(공보실 방송부문)」 3권 8호, 1958년 8월, p96.

9 문화방송, 『문화방송 30년사』, 1992년, p263.

10 박기병 외, 『6·25! 우리는 이렇게 나라를 지켰다』, 대한언론인회, 2013년.

11 황태연, '한영섭', 『녹취한국언론사』, 대한언론인회, 2001년, pp419~420.

12 한영섭, '방송이 좋아 방송기자가 되었다', 『방송보도 50년』, 한국방송기자클럽, 2003년, p90.

13 정진석, 『한국언론인물사전 1883~2009』, 한국언론재단, 2008년, p1515.

14 한영섭, 앞의 글, p92.

15 원용진·홍성일·방희경, 『한국 방송 저널리즘 속 '일탈'』, 한나래, 2008년, pp238~242.

16 이정석, '방송 저널리즘의 초석을 다지며', 『방송보도 50년』, 한국방송기자클럽, 2003년, p119.

17 방송 편집부, '동아일보 뉴스부 이정석 씨 귀국', 「방송」 59호, 1965년 12월 4일, p2.

18 이정석 추모문집 편찬위원회, 『거인의 작은 이야기』, 헤럴드미디어, 2010년, p56.

19 김성배, '녹취 이정석', 『녹취 한국언론사』, 대한언론인회, 2001년, pp307~308.

20 이정석·오건환, '정부의 언론정책, 그 동기에 문제 있다 ─KBS 초대 보도국장', 「한국방송기자클럽회보」 제96호, 2007년 10월 24일, p4.

21 문명호, '호암 이정석', 『한국언론인물사화』 제7권, 대한언론인회, 2010년, pp322~323.

22 박근숙, '지워지지 않는 단상들', 『방송보도 50년』, 한국방송기자클럽, 2003년, p95.

23 박근숙이 방송계를 떠난 시기가 1978년, 1979년 등으로 문헌마다 차이가 나는데, 여기서는 그의 기록에 따랐다.

238

KI신서 5798

한국 방송기자 통사

1판 1쇄 인쇄 2014년 12월 8일
1판 1쇄 발행 2014년 12월 15일

지은이 김성호
펴낸이 김영곤 **펴낸곳** (주) 북이십일 21세기북스
이사 이유남
책임편집 정지은
디자인 북이십일 디자인팀
영업본부장 안형태 **영업** 권장규 정병철
마케팅본부장 이희정 **마케팅** 민안기 강서영
출판등록 2000년 5월 6일 제10-1965호
주소 (우 413-120) 경기도 파주시 회동길 201(문발동)
대표전화 031-955-2100 **팩스** 031-955-2151
이메일 book21@book21.co.kr **홈페이지** www.book21.com
트위터 @21cbook **블로그** b.book21.com **페이스북** facebook.com/21cbooks

©김성호, 2014

ISBN 978-89-509-5687-5 03320
책값은 뒤표지에 있습니다.

이 책 내용의 일부 또는 전부를 재사용하려면 반드시 (주)북이십일의 동의를 얻어야 합니다.
잘못 만들어진 책은 구입하신 서점에서 교환해 드립니다.